# 中国征信报告

## （2019）

中国人民银行征信管理局　编

中国金融出版社

责任编辑：童祎薇
责任校对：潘　洁
责任印制：程　颖

**图书在版编目（CIP）数据**

中国征信报告. 2019/中国人民银行征信管理局编. —北京：中国金融出版社，2020.11
ISBN 978-7-5220-0886-8

Ⅰ.①中…　Ⅱ.①中…　Ⅲ.①信用制度—研究报告—中国—2019　Ⅳ.①F832.4

中国版本图书馆CIP数据核字（2020）第220843号

中国征信报告（2019）
ZHONGGUO ZHENGXIN BAOGAO（2019）
出版
发行　中国金融出版社
社址　北京市丰台区益泽路2号
市场开发部　（010）66024766，63805472，63439533（传真）
网 上 书 店　http：//www.chinafph.com
（010）66024766，63372837（传真）
读者服务部　（010）66070833，62568380
邮编　100071
经销　新华书店
印刷　北京市松源印刷有限公司
尺寸　210毫米×285毫米
印张　6
字数　117千
版次　2020年11月第1版
印次　2020年11月第1次印刷
定价　36.00元
ISBN 978-7-5220-0886-8

# 《中国征信报告（2019）》编写组

**组　　　长：** 万存知

**副　组　长：** 李　斌　吴岷钢　田　地

**编写组成员：** 占　硕　杜　静　王俊山　高　明　张红盛　武　晋　常　可　王晓晴　韩春燕　谢业华　陈　炎　张宏宇　吴　思　魏　坤　杨　景　周文君　唐　唯　卜泽蕊　巴洪涛

# 内容提要

2019年，人民银行坚持以习近平新时代中国特色社会主义思想为指导，深入学习领会贯彻党的十九大和十九届三中、四中全会精神，全面贯彻落实习近平总书记关于“抓紧建立覆盖全社会的征信系统”的重要讲话精神，只争朝夕，不负韶华，强化顶层设计和统筹规划，充分发挥“政府+市场”“全国+地方”的作用，紧扣市场需求和国家政策要求，发展征信市场、扩大对外对内开放，增加征信有效供给，提升征信服务实体经济和人民经济社会交往的能力和水平，助力民营和小微企业融资发展。覆盖全社会的征信体系初步形成，中国征信业发展迈上一个新台阶。

**促进征信规范发展，增加征信有效供给。**持续推进金融信用信息基础数据库建设，丰富纳入的信息种类与数量，提升征信服务能力。目前，该数据库已经成为世界上规模最大、收录人数最多、覆盖和使用范围最广的征信系统。截至2019年末，该系统已收录10.2亿自然人和2834.1万户企业及其他组织的信用信息，个人和企业征信系统分别接入法人机构3737家和3613家，2019年个人和企业累计查询量分别为24亿次和1.1亿次。

市场化个人征信机构——百行征信有限公司，其信息采集与对外提供服务逐步走上正轨，在推进普惠金融发展和网贷领域信用风险防范中的作用逐步显现。截至2019年末，百行征信已接入各类机构334家，其中P2P网贷平台150家，累计收录4825万自然人信息，年累计提供征信查询服务8564万次。

企业征信市场初具规模，征信服务水平与服务质量不断提升。截至2019年底，在人民银行备案的企业征信机构有128家，从业人员1万多人，提供信用报告、信用评分、信用画像、反欺诈等各类征信服务56.1亿次。

**缓解银企信息不对称，助力小微企业融资发展。**持续推进中小微企业信用体系建设和农村信用体系建设。在中小微企业信用体系建设方面，不断完善信用信息征集、信用评价和信息应用制度，构建信用正向激励机制，为金融服务中小微企业提供信息服务与支持。截至2019年末，累计为261万户中小微企业建立信用档案。在农村信用体系建设方面，为农户等经济主体建立信用档案，开展“信用户”“信用村”“信用乡镇”创建，为金融机构改善农村地区金融服务提供信息支持。截至2019年末，全国累计建立信用档案农户数1.8亿户，累计已有9537万农户获得银行贷款，贷款余额达到4.16万亿元。

积极指导企业征信机构以提高小微企业融资可得性、降低成本、增强便利性为目标，运用区块链、人工智能等新技术，利用替代数据解决小微企业融资中的信息不对称问题，创新征信服务。北京、江苏、安徽、四川、广东、福建等地7家企业征信机构服务小微企业融资情况定点监测数据显示，截至2019年底，7家监测机构通过其征信平台累计帮助707.13万户小微企业向金融机构申请贷款，其中161.77万户小微企业获得贷款；获贷率22.88%，小微企业累计获得融资9249.81亿元，其中信用贷款3012.35亿元，平均贷款利率为6.87%，贷款不良率为1.15%。2019年5月，人民银行批设苏州小微企业数字征信试验区，在苏州先行先试，构建以征信体系为基础的民营企业和小微企业融资服务模式。

以“征信助力小微与民营企业融资发展”为主题在全国部署开展形式多样、内容丰富、成效显著的征信专题宣传活动，并首次在国务院新闻办公室举行吹风会，全面展示征信在防范和化解金融风险、缓解小微与民营企业融资难题、维护信息主体合法权益等方面的成效，提升征信工作社会影响力。

**强化征信信息安全管理，保护信息主体合法权益。**开展个人金融信息（数据）保护立法专题研究。在充分借鉴国内外个人信息保护立法经验的基础上，研究制定个人金融信息（数据）保护试行办法。

开展金融信用信息基础数据库接入机构征信合规与信息安全年度考核评级、征信信息安全情况月度统计和征信合规与信息安全季度自查自纠等非现场监管，与金融信用信息基础数据库接入机构现场检查相结合，督促金融信用信息基础数据库运行机构及其接入机构不断完善技术手段，确保征信合规与征信信息安全。

提高征信投诉办理体验与效率，切实维护信息主体权益。2019年，共受理征信投诉128件，按期办结率100%；处理信访22件。人民银行领导高度重视，对征信投诉办理情况进行批示肯定，当事人寄送感谢信，是人民幸福感的具体体现。

**完善制度，理顺机制，促进信用评级行业规范发展。**按照党中央、国务院决策部署和中央全面深化改革工作安排，人民银行会同多部门，充分借鉴国际经验，立足我国国情，制定了《信用评级业管理暂行办法》。2019年11月26日，《信用评级业管理暂行办法》正式发布，明确了信用评级行业规范发展的政策导向，建立起统一监管的制度框架，同时与国际评级监管准则有效衔接，促进我国信用评级行业规范发展。进一步理顺央行内部（企业）评级收费机制，不断加强制度建设和程序规范，有力支持货币政策工具投放。截至2019年末，央行内部（企业）评级系统累计上传企业17.02万家，最终级别在“可接受”及以上企业8.7万家，支持央行再贷款及常备借贷便利（SLF）投放2481亿元。

**精心设计开放路径，稳妥有序推进征信业高水平对外开放。**根据党中央、国务院的决策部署，以促进金融市场高质量发展为目标，审慎设计征信业开放路径。2019年1月，标普信用评级（中国）有限公司成为首家独资进入中国市场的外资信用评级机构。扩大征信国际交流与合作，2019年11月，在上海召开了世界银行国际征信委员会2019年第二次现场工作会议。

# 目　录

2019

# 第一章　中国征信业发展综述

一、中国征信业发展情况

二、创新小微企业征信服务

三、国际征信业动态与国际交流

## 一、中国征信业发展情况

2019年，人民银行坚决贯彻落实党中央、国务院关于征信的战略决策，征信业发展取得重大突破。科学规划征信市场化发展和对外对内开放的路径，在推动建设覆盖全社会的征信系统和增加征信有效供给两方面取得突破。重点围绕解决小微企业和“三农”信息不对称问题，培育和发展征信市场。成功化解信用评级监管无法可依问题。从严加强征信信息安全管理，多措并举改善征信查询服务，稳妥推进征信二代系统上线升级，切实保护信息主体权益。有序推进征信业高水平对外开放，积极培育本土信用评级机构，外资征信机构顺利展业。完善社会信用体系建设长效机制，深入推进中小微企业和农村信用体系建设。加强征信对外宣传和市场引导。

### （一）推动建立覆盖全社会的征信系统，持续改进征信为民服务

一是深化金融信用信息基础数据库建设。实现数据库安全稳定运行，推进数据库升级完善，持续扩大数据库信息采集面，基本为每一个有经济活动的企业和个人建立了信用档案，融资担保机构加快接入，推进符合条件的P2P网贷机构有序接入，征信报告除运用于金融业外，还广泛应用于公众本人查询和政府部门依法履职等方面，为支持实体经济发展、改善社会信用环境发挥了积极作用。

二是大力发展第三方征信市场，指导市场化征信机构推动替代数据的应用，提供多样化的产品和服务，帮助小微企业获得融资。人民银行引导市场化征信机构应用征信技术优势，帮助金融机构解决贷前获客、贷款审批和贷后风险防控中的信息不对称问题，帮助实体企业尤其是民营经济实体获得融资支持、降低融资成本。7家备案企业征信机构定点监测数据显示，2019年7家机构共提供小微企业征信服务926.85万次，帮助57.85万户小微企业获得贷款3703.53亿元，获贷率为18.06%，加权平均利率为7.41%，其中信用贷款占比40.45%，贷款不良率为1.15%。

三是增加征信市场有效供给。研究运用信息分析技术对个人信用状况作出判断，帮助没有借贷记录人群获得正规金融支持，助力金融机构数字化转型，将征信服务和金融服务全方位下沉。有序推进企业征信机构和信用评级机构备案。2019年新增备案企业征信机构14家、信用评级机构5家。

四是加快地方征信平台建设，促进政府部门信息互联互通。为解决小微企业融资中的信息不对称问题，利用贷前替代数据改善小微企业征信服务，探索出“政府主导+市场应用”的台州模式和“政府推动+市场运作”的苏州模式。坚持“政府+市场”“全国+地方”的思路，大力推动地方征信平台建设。批设苏州小微企业数字征信实验区，总结探索替代数据在征信领域的有效应用，推进长三角区域征信一体化，以区块链技术

搭建长三角征信链，实现长三角地区征信信息互联互通，利用区块链技术在全国推广复制小微企业征信服务的苏州模式和台州模式。

### （二）信用评级行业发展取得重大突破

一是出台加强信用评级行业监管的法规制度，解决了我国信用评级监管无法可依问题。按照党中央、国务院决策部署和中央全面深化改革工作安排，人民银行会同国家发展改革委、财政部和证监会等相关部门，广泛听取各界意见，充分借鉴国际经验，立足我国信用评级行业发展和监管实践，经国务院批准，制定了联合部门规章《信用评级业管理暂行办法》。2019年11月26日，《信用评级业管理暂行办法》正式发布，明确了信用评级行业规范发展的政策导向，明确了信用评级行业主管部门和业务管理部门的职责，明确了建立健全统一监管的制度框架，同时与国际评级监管准则在加强外部监管、提高市场透明度、促进行业公平竞争、强化责任追究等方面相衔接，促进我国信用评级行业的规范发展，从而更好地发挥信用评级在风险揭示和风险定价等方面的作用，促进我国金融业稳健发展。

二是有力推进央行内部（企业）评级工作。进一步发挥央行内部（企业）评级和信贷资产质押再贷款靶向引导作用，鼓励银行向小微企业发放贷款。2019年，获得央行内部（企业）评级的企业近3.6万家，其中小微企业占比83%；通过央行内部（企业）评级累计发放再贷款（含常备借贷便利）1722亿元。

### （三）促进征信市场健康发展

一是推动首家个人征信机构——百行征信有限公司积极向市场提供服务。2019年以来，百行征信先后向市场推出个人信用报告查询、身份核验、特别关注名单等三款产品和服务，积极推动互联网金融领域征信体系建设。截至2019年末，百行征信共收录个人信息主体4825万人、信贷记录15.9亿条；接入各类机构334家，其中P2P网贷平台150家；个人征信报告日查询24.7万笔，日查询峰值近92.6万笔，累计查询量达6021万笔。

二是加强征信市场和信用评级市场监管。从严开展备案管理，组织人民银行分支行加强新备案企业征信机构和信用评级机构的真实性审核，对已备案的企业征信机构和信用评级机构进行现场检查和非现场监管，规范执业行为，切实维护信息主体合法权益。截至2019年12月底，在人民银行备案的企业征信机构和信用评级机构分别为128家和95家。

三是深化征信市场乱象治理。把好市场准入关，同时联合市场监督管理等部门，对借用征信名义进行虚假宣传、扰乱市场秩序的行为进行清理，净化征信市场环境。全年共注销10家备案企业征信机构和7家信用评级机构。

### （四）从严加强征信信息安全管理

一是加强制度建设。深入研究国外个人信息保护立法，广泛征求意见，深入调研，研究制定我国个人金融信息保护办法。

二是加强金融信用信息基础数据库接入机构监管，严厉查处各类接入机构的征信违规行为。组织开展对交通银行、华夏银行、兴业银行和浙商银行四家全国性商业银行总行的现场检查；组织人民银行分支行对辖内征信系统接入机构开展现场检查；开展跨部门合作，与银保监会联合对招联消费金融公司开展现场检查。强化非现场监管，推进征信从业人员的征信合规教育培训，推动征信系统接入机构建立健全征信合规与信息安全管理的内控机制；加强对征信系统接入机构信息安全管理的年度考核评级工作。

三是密切关注数据公司经营问题。对商业银行与外部数据公司合作、使用征信机构以外的信息和服务情况进行详细调研，并根据调研结果采取“开正门、堵邪门”的方式对数据公司实施管理。对经营规范的纳入征信管理，实行持牌经营；对违法经营的进行查处；对业务处于不确定状态的促其转型。

### （五）多措并举提升征信服务水平

指导金融信用信息基础数据库运行机构进一步提升征信服务水平。

一是提供多元化征信查询服务渠道。通过大量布设自助查询机、优化互联网查询流程、改进现场柜台人工查询服务等方式，切实增加个人征信查询服务供给，有效满足个人征信查询需求。

二是指导人民银行分支行依法合规创新企业征信查询服务方式，探索商业银行网银查询和自助机查询，为实体经济和小微企业发展提供信息支撑。

三是指导金融信用信息基础数据库运行机构稳妥推进二代征信系统上线工作，加强市场正面引导，主动回应市场关切，确保金融信用信息基础数据库公信力。

### （六）推动征信业高质量对外开放

根据党中央、国务院的决策部署，审慎设计征信业开放路径。目前外资征信机构在华顺利展业。首家外商独资信用评级机构——标普信用评级（中国）有限公司已于2019年1月完成信用评级机构备案及业务注册，获准进入中国市场并实际展业。分别于2017年、2018年完成备案进入中国市场的外资企业征信机构——上海华夏邓白氏商业信息咨询有限公司和益博睿征信（北京）有限公司业务顺利推进，目前已初具规模。

扩大国际征信交流与合作。在上海组织召开国际征信委员会2019年第二次现场工作会议，共有来自世界银行、各国央行等全球21个国家和地区的国际组织、征信监管部门和征信协会代表参会。

### （七）持续推进社会信用体系建设

一是加强与相关部门的协调配合，共同营造诚实守信的良好社会氛围。2019年7月，配合国家发展改革委，报请国务院办公厅印发《关于加快推进社会信用体系建设 构建以信用为基础的新型监管机制的指导意见》，构建了贯穿市场主体事前、事中、事后全生命周期的信用监管机制，进一步强化公共信用信息的共享应用，推动信用分级分类监管，加大市场主体失信成本，引导市场主体守信践约。

二是深入推进中小微企业和农村信用体系建设。指导各地开展中小微企业和农户信用信息征集、信用评价和信息应用，大力指导推动信用户、信用村、信用乡（镇）评定工作，引导和推动金融机构、政府部门等制定相关配套政策措施，助力有信用的中小微企业、农户融资发展，降低其融资成本，改善各地信用环境。目前已累计为2000多万户中小微企业和1.8亿余农户建立信用档案。

### （八）加强征信对外宣传和市场引导

一是开展形式多样、内容丰富的征信与信用宣传，加强市场引导。举办以“改革开放以来中国征信事业发展回顾与展望”为主题的国务院新闻办公室媒体吹风会，开展“征信助力小微与民营企业融资发展”全国征信专题宣传活动，联合新华网“白话金融”制作多期聚焦征信热点问题的视频节目，人民银行分支机构结合地方特色开展征信与诚信宣传。

二是继续加大征信维权工作力度。以维护信息主体合法权益为出发点，不断提高群众信访和征信投诉办理的便捷性和实效性，截至2019年末，共受理征信投诉128件、信访22件，按期办结率100%。

## 二、创新小微企业征信服务

以市场需求为导向，利用新技术增加征信市场有效供给，重点解决小微企业融资中的信息不对称问题，进一步改善营商环境。

### （一）全面改进对小微企业的征信服务，持续提升征信为民服务的能力和水平

一是针对小微企业的特点，优化征信机构的布局和业务模式，利用新技术解决小微企业融资中的信息不对称、风控及政策成效评估等问题。

二是进一步发挥金融信用信息基础数据库的作用。妥善推进征信二代系统上线工作，创新征信产品和服务，不断提升针对小微企业的征信服务能力和水平。

三是鼓励市场化征信机构和评级机构做大做强。继续指导征信机构和信用评级机构进一步解放思想，推动创新针对小微企业和金融普惠的征信服务，逐步实现可持续发展。

四是向全国范围推广复制小微企业征信服务的“苏州模式”和“台州模式”，持续加大小微企业征信信息采集和服务力度，推动建立苏州小微企业数字征信实验区，鼓励立足本地，进一步提升征信服务小微企业的能力和水平。

### （二）加强金融科技在征信业的探索与应用

一是加强征信基础研究，组织研究队伍对金融科技在征信领域的应用开展研究探索，研究制定征信领域金融科技应用规制。

二是指导征信中心利用新技术提升征信服务水平，根据市场业务需要推动二代系统升级上线，不断优化系统架构和扩展能力，改进产品服务框架，提升系统处理能力和数据采集的可扩展性。

三是鼓励征信机构利用金融科技提高征信有效供给。以区块链、大数据、人工智能等金融科技为抓手，加强征信服务，培育一批技术先进、具有国际竞争力的市场化征信机构。

### （三）依托中小微企业和农村信用体系建设，促进信用信息采集共享与使用

一是完善农村信用体系建设制度规范，持续推进小微企业信用体系建设，通过完善制度建设，加大信用信息采集力度，更好对接金融服务，优化区域融资环境，支持实体经济发展。

二是引导征信中心、市场化征信机构和评级机构充分发挥在信息共享、行业与地方信用建设中的积极作用。

三是在有条件的地区，成立专门的实体化机构，加强信用信息归集、加工与共享使用，实现市场化、高效化运作。

### 专栏一　征信与区块链

近年来，区块链与人工智能、大数据、云计算等新技术成为各国重点关注和培育的发展方向。区块链与人工智能、物联网等技术的融合也进一步释放创新活力，成为新的发展点和着力点。习近平总书记在2019年中央政治局第十八次集体学习时强调，“要利用区块链技术促进城市间在信息、资金、人才、征信等方面更大规模的互联互通，保障生产要素在区域内有序高效流动。”研究利用区块链技术推动我国征信业健康发展，有利于利用数据这一重要的生产要素。

区块链技术是充分利用数据生产要素的重要手段。数据是信息时代最重要的生产资源，也是金融机构和科技企业的核心资产。党的十九届四中全会首次增列“数据”作为生产要素，反映了随着经济活动数字化转型加快，数据对提高生产效率的乘数效应凸显，成为最具时代特征新生产要素的重要变化。应建立健全数据权属、公开、共享、交易规则，更好实现知识、技术、管理、数据等要素的价值。现代征信业作为信息、技术和人才最密集和规则最严格的行业之一，其数据已成为当今新经济重要的生产要素。

区块链技术将推动建立征信新模式。区块链技术具有去中介化和数据难以篡改等特点，将进一步加速重构现有的征信模式，解决现有征信系统在数据共享、数据安全等方面的行业痛点，可以在数据源保留在当地的情况下，实现多方数据共享，提高数据价值。一是能有效消除数据采集过程中数据源单位的顾虑。二是使实现各征信机构间的数据共享成为可能。三是数据安全性显著增强。四是信用报告全程记录可追溯。五是能有效保障授权查询的真实性。

区块链技术在短期内会带来下列问题，但随着技术的成熟这些问题会得到有效应对。一是区块链技术不能有效保证数据采集的真实性。数据交换平台模式仍使用传统手段采集数据，无法解决数据采集真实性问题。二是技术应用层面大规模推广落地需配套条件。区块链技术在互联互通中基于上链的技术平台若用于征信，需要同时对原有征信业务系统进行升级改造，因此推广应用须视条件有序推进。

但从中长期看，问题和解决问题的手段会同时产生，办法肯定会比问题多。只要根据区块链技术的特征，调整和优化业务规则和监管规制，区块链技术形成的挑战会逐步得到稳妥应对。

## 三、国际征信动态与国际交流

### （一）国际征信动态

**1. 世界各国征信建设显著提升**

一是征信系统覆盖面扩大。全球范围内征信系统正在迅速发展，根据2019年《营商环境报告》的调查，截至2018年底，在接受调查的201个国家和地区中有173个国家和地区设有个人征信机构或公共征信机构。征信机构的信息来源和信息种类更加丰富，正面信息的采集和使用逐渐增加。更多的个人征信机构开始采集小微企业信息，丰富其征信产品。

二是对区域间跨境征信信息流动开展了有益探索。欧盟推动实施AnaCredit项目，旨在实现针对跨境信用风险企业的信息共享。西非中央银行向区域征信服务提供机构Creditinfo Volo颁发了许可证，允许其成为覆盖八国的区域性私人征信机构，并通过统一的立法允许跨境信息交流。

**2. 国际征信业的新趋势**

一是征信机构的跨国合作成为主流。目前，多数发展中国家的征信机构与益博睿、环联和艾克飞等国际征信机构建立合作关系，同时科孚（CRIF）、非洲个人征信机构（CRB Africa）和邓白氏等征信机构也在不断扩大国际影响力。

二是替代数据的应用更为广泛。在过去的十年里，征信服务提供机构，特别是个人征信服务提供机构，越来越多地从非传统数据源收集信息，包括公用事业账单、电信运营商、移动数据等以及其他信息。

三是金融科技的应用更为深入。云计算、人工智能、机器学习等技术在共享信用信息方面具有巨大的潜力，同时有助于监管部门进行数据聚合和分析，并进行建模、压力测试和预测。例如，使用区块链技术和加密工具，有助于在全球范围内在保证信息安全的同时整合不同金融机构的数据。人工智能和机器学习可用于读取和分析与整体风险监管功能相关的大量结构化和非结构化数据，为改进金融部门的风控建模、预测和压力测试创建新模型。

**3. 征信业面临的挑战**

一是信息的安全性和保密性更加重要。随着数字化和信息可得性越来越高，征信机构需要不断完善安全系统来保护其数据库中的信息。各国不时出现的信息泄露事件使征信系统的安全性饱受质疑，征信业将面临更加严苛的数据安全及保护政策。

二是替代数据在征信业的应用缺乏法律规定。近年来，基于替代数据产生的各种信用评分被广泛应用，引起人们对隐私、数据收集和使用方式缺乏透明度的担忧。此外，替代评分工具通常无法提供清晰可比的标准化评分政策，现行制度不足以解决替代评分工具引起的独特问题。

三是替代评分工具将用于识别易受掠夺性贷款影响的弱势个人。由于大多数此类机器学习模型都是“黑匣子”，尚不清楚它们实现决策或预测的方式，因此算法的使用可能会使监控歧视性做法变得更加棘手。

## （二）征信国际交流与合作

2019年11月5日至6日，国际征信委员会2019年第二次现场工作会议在上海召开，共有来自世界银行、各国央行等全球21个国家和地区的国际组织、征信监管部门和征信协会代表参会。会议围绕数据跨境流动、信贷市场数据共享和替代数据应用三个主题开展深入讨论，并审议了未来五年工作计划。

会议认为，一是要加强战略框架合作下的信息跨境共享，在统一监管框架下，继续探索数据共享方法，以便通过更加灵活便捷的方式实现数据信息共享。二是高度重视利用金融科技支持征信行业发展，应借助新金融科技手段不断完善信用评分标准，帮助缺少传统信用记录的人群建立信用评分，促进其获取信贷支持。三是推动征信引用替代数据服务小微企业融资。本次会议对于我国征信业发展起到很好的促进作用，推动我国利用替代数据加强小微企业、“三农”征信服务，利用金融科技提高征信服务质量，研究征信数据跨境流动。

在本次会议上，人民银行宣介了我国征信建设成就及在替代数据引入征信方面的先进做法：一是明确了征信行业的服务目标；二是推动金融科技在征信领域的应用；三是推动企业征信机构利用替代数据加强小微企业和“三农”征信服务取得良好成效；四是加强对个人金融信息保护，规范数据公司发展；五是我国征信业对外开放取得突破性进展，外资信用评级机构标普、外资企业征信机构邓白氏和益博睿均已在中国顺利展业；六是在北京、上海两地试点动产担保统一登记系统，有效改善营商环境。相关做法得到了参会代表的高度认可。

2019

# 第二章　征信市场运行

一、金融信用信息基础数据库

二、个人征信市场化发展

三、企业征信市场化发展

四、信用评级市场

## 一、金融信用信息基础数据库

### （一）不断提升征信服务水平

2019年，人民银行征信中心不断深化金融信用信息基础数据库建设，实现系统安全稳定运行，推动系统升级工作，在防范金融风险、促进小微企业融资、支持实体经济发展、改善营商环境等方面发挥了积极作用。

**1.信息采集面持续扩大**

金融信用信息基础数据库全面、客观地记录企业和个人与银行信贷往来情况，为国内每一个有经济活动的企业和个人建立了信用档案，人民银行征信中心出具的信用报告已成为国内反映企业和个人信用行为的“经济身份证”。征信系统信息规模进一步扩大，截至2019年底，收录10.2亿自然人、2834.1万户企业和其他组织的信息，其中，有信贷记录的自然人5.7亿人、有信贷记录的企业和其他组织1006.4万户（见图1和图2）。

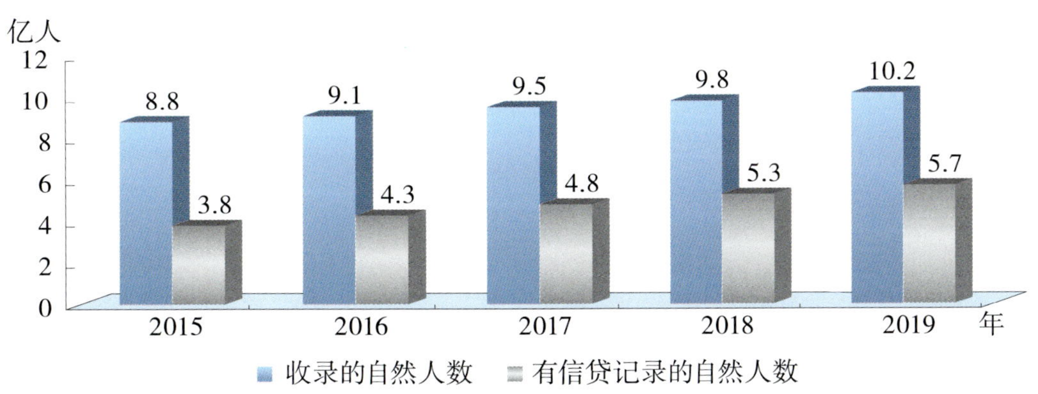


图1　近年来个人信用信息基础数据库收录的自然人数量

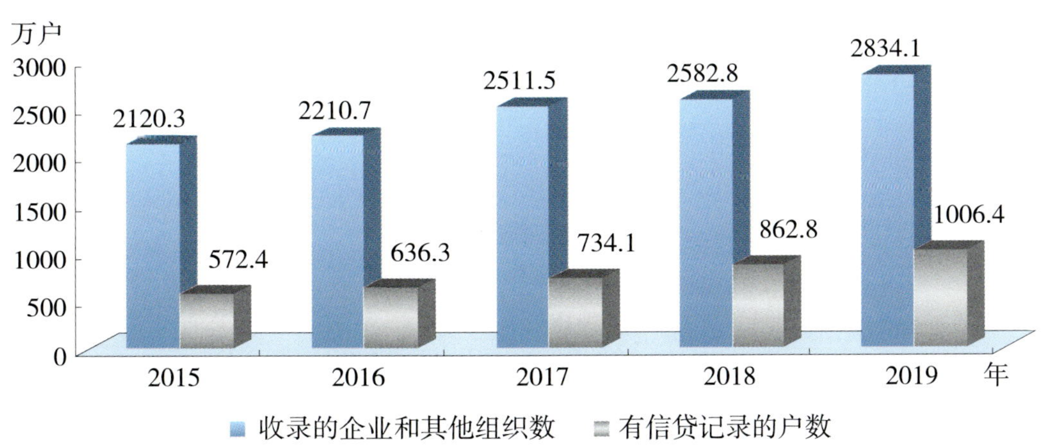


图2　近年来企业信用信息基础数据库收录的企业和其他组织数量

一是稳步扩大金融信用信息采集。立足重要金融基础设施定位，积极推动放贷机构接入征信系统，努力实现金融信用信息基础数据库对金融信用信息的全覆盖。2019年，人民银行积极响应金融服务民营企业政策，加快推进融资担保公司接入金融信用信息基础数据库的工作，支持民营和小微企业融资。截至2019年末，个人和企业信用信息基础数据库分别接入放贷机构3737家和3613家，其中分别接入融资担保公司593家和669家。

二是统筹推进非金融信用信息采集。为了全面反映企业和个人信用状况，稳步推进政府部门公共信用信息、公用事业信息采集工作。此外，认真落实人民银行部署的重要信息采集工作，包括人民银行行政执法信息、绿色金融相关企业环境信息、社会信用体系建设联合奖惩信息。做好网贷机构（P2P机构）恶意逃废债借款人信息纳入征信系统工作等。继续扩大企业电费欠费信息、企业水费欠费和缴费信息采集。

**2. 征信产品应用广泛并不断创新**

征信产品不断创新、丰富，逐步形成以信用报告为核心的多元化征信产品体系。企业和个人信用报告主要用于放贷机构贷款、信用卡审批和贷后管理，也广泛用于公众本人查询、政府部门依法履职、个人和企业参与经济活动等方面。自金融信用信息基础数据库建成至2019年末，个人和企业信用信息基础数据库分别累计查询91.5亿次、10.6亿次；2019年当年，个人和企业信用信息基础数据库累计查询量分别为24亿次、1.1亿次（见图3）。

**图3 近年来征信系统年度查询量**

围绕放贷机构评估信用风险的需求，人民银行征信中心深入挖掘数据价值，积极开发多种征信增值产品，为金融机构加强风险管理提供信息支持。目前，对机构用户稳定提供关联企业信息查询、对公和对个人重要信息提示服务等增值产品；同时，开发“个人信用报告数字解读”（以下简称“数字解读”）产品，并在部分金融机构应用验证。截至2019年末，在关联查询产品方面，机构用户累计查询148.5万家企业，涉及关联企业总数1.5亿家；在对公和对个人重要信息提示产品方面，共推送对公业务提示信息302.6万条、对个人业务提示信息11.8亿条；在“数字解读”产品方面，共有202家机构参与了“数字解读”的验证工作，其中141家机构开通了查询权限，“数字解读”查询量达到241亿笔。

**3. 征信系统优化升级**

2019年，征信中心积极推动征信系统优化升级，加快推进二代征信系统建设，完成切换上线各项准备工作，二代征信系统建设具备切换上线条件。加大征信系统日常运维力度，从基础环境、应用系统、存储设备、安全管控等方面加固扩容，确保征信系统安全平稳运行。

**4. 信息安全管理工作进一步加强**

征信中心严格按照公安部信息安全等级保护三级信息系统要求，健全信息安全管理规章制度，完善安全防护体系，严格落实征信信息安全管理规定，加强系统用户管理、信息查询管理，建立查询监测机制，有效防范违规查询，保障信息安全，严防信息泄露。征信中心内部定期开展全员安全教育和培训，不断提升员工安全意识。

**5. 金融信用信息基础数据库应用成效显著**

一是建立放贷机构全量信用信息共享机制，对我国信贷市场防范信用风险发挥了重要作用。金融信用信息基础数据库的信息已经在金融机构信用风险管理中广泛应用，提高信贷审批效率，增加借款人融资机会，促进信贷供给增加，助力普惠金融发展。根据人民银行征信中心对21家全国性银行的问卷调查，2019年各银行应用征信系统，在贷前审查拒绝高风险客户申请7450.2亿元，在贷后预警高风险存量贷款1.1万亿元，清收不良贷款2000亿元。

二是促进小微企业融资，支持实体经济发展。金融信用信息基础数据库实现小微企业信用信息归集与共享，在缓解小微企业信息不对称、帮助其获得融资支持方面发挥了积极的作用。截至2019年末，金融信用信息基础数据库收录小微企业1571.3万户，其中有信贷记录的小微企业近400.4万户。

三是帮助公众积累信用财富，提高社会信用意识。金融信用信息基础数据库为企业、个人搭建展示信用状况的平台，通过征信产品在社会经济生活中的广泛应用，促进形成“守信激励、失信惩戒”的激励约束机制。拥有良好信用记录的企业和个人享受守信的益处和便利，拥有不良记录的企业和个人付出成本和代价。社会公众日益关注自身信用状况，信用行为不断改善，信用意识日益提高。

四是为政府部门、司法部门依法履职提供信息支持。有关部门在行政管理、金融监管、司法办案、评先评优中依法查询信用报告，促进行业、地方信用体系建设。

五是提升我国信用信息指数，促进我国营商环境改善。根据世界银行《营商环境报告》，信用信息指数是衡量一国征信活动广度、深度和服务便捷度的重要指标，我国信用信息指数已经连续四年达到满分8分，反映我国信用体系不断健全、授信决策更为便利、营商环境不断改善。

### （二）切实做到“征信为民”

2019年，人民银行不断践行“征信为民”理念，优化征信服务模式，切实维护信息主体征信权益，有效提升人民对征信的获得感和满意度。

一是以保障信息主体权益为核心，显著提升征信便民服务水平。通过线下线上多种渠道，向信息主体提供本人信用报告查询服务。在线下，各地人民银行分支机构设有2100多个征信查询点、5100多台征信自助查询机，提供柜台、自助查询机查询服务；同时，人民银行在部分金融机构网点、部分地区政务大厅，摆放自助查询机等提供查询服务。在线上，征信中心官方网站（www.pbccrc.org.cn）提供互联网查询服务，招商银行和中信银行作为试点银行提供网银查询服务。2019年，个人信用报告本人查询共9274.1万次（详见图4）。

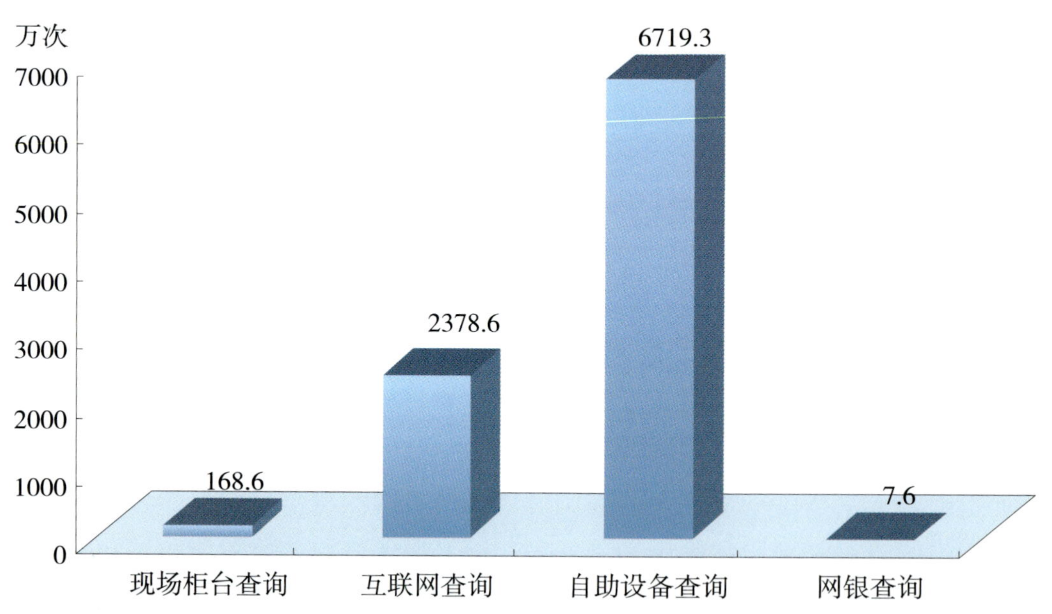


图4　2019年本人信用报告查询情况

二是以改善企业融资环境为中心，积极推动企业征信查询服务优化。探索拓展企业信用报告查询渠道，实现企业信用报告自助机查询和网银查询的创新试点；简化企业信用报告查询手续，提高查询效率。截至2019年末，北京、广东、吉林、浙江4省份已实现

对外提供企业信用报告自助机查询服务，建设银行、工商银行和北京银行3家商业银行在北京、上海等13个试点地区通过网银渠道向企业客户提供信用报告查询服务，有效提升了企业获取自身信用报告的便利度。

三是切实维护信息主体异议权，努力提升异议处理效率。认真开展异议处理工作，不断提高异议处理效率。截至2019年末，共受理个人征信异议申请5.4万笔，异议回复率99.9%、异议解决率99.8%，平均回复天数9天、平均解决天数11天。

四是以客户为中心，进一步优化客服电话咨询服务。2019年，共接听信息主体来电214.8万个，客户满意度99%。

## 二、个人征信市场化发展

市场化个人征信机构稳步发展。人民银行于2018年批准中国互联网金融协会、芝麻信用、腾讯征信、前海征信等9家机构共同设立百行征信有限公司（以下简称百行征信），从事个人征信活动。百行征信成立一年多以来，重点聚焦互联网金融、普惠金融、消费金融、替代数据应用等领域的信息共享和应用，信息来源包括网络借贷信息中介机构、小额贷款公司、融资租赁公司、汽车金融公司、消费金融公司等金融机构和类金融机构，以及政府部门、法院、三大电信运营商、银联支付等非金融机构，开发出信用报告、信息核验、特别关注名单、反欺诈等个人征信产品，在发展普惠金融和防范网贷领域信用风险中的作用逐步显现。截至2019年末，百行征信已接入各类机构334家，其中P2P网贷平台150家，累计收录4825万自然人信息，年累计提供征信查询服务8564万次。

## 三、企业征信市场化发展

### （一）市场化企业征信机构规范发展

人民银行围绕缓解小微企业融资难融资贵问题，紧扣宏观政策导向和微观市场需求，大力推动企业征信市场化发展，增加征信有效供给。

一是企业征信市场不断优化。推动具备先进数据处理技术、稳定数据来源、明确市场需求的头部金融科技企业等各类市场主体进入企业征信市场，运用区块链、大数据等技术提供多元化、个性化的征信产品和服务，一批各具特色的企业征信机构涌现。例如，苏州企业征信服务有限公司、安徽省征信股份有限公司整合政府部门、公用事业单位掌握的企业非信贷数据，形成基于政务公开信息的小微企业信用画像及评分；深圳微众信用科技股份有限公司、国网征信有限公司通过对企业纳税、用电等行业数据的变化趋势分析，判断企业的偿债能力和可能出现的违约风险；北京百融云创科技股份有限公司、福建品尚征信有限公司通过“产业平台+征信+金融”模式和产业供应链采集企业商业信用信息，分析企业真实的生产、经营、流通情况；成都数联铭品科技有限公司、北京金堤征信服务有限公司通过先进技术手段挖掘并利用企业工商注册、司法、知识产权等公开数据资源，帮助放贷机构完成对优质小微企业的快速识别、筛选。截至2019年末，在人民银行备案的企业征信机构共128家，从业人员1万多人，提供信用报告、信用评分、信用画像、反欺诈等各类征信服务56.1亿次。

二是信息采集维度不断丰富。市场化企业征信机构通过政府部门、公用事业单位、互联网公司、各类协会、上下游供应商等各类渠道和途径，采集小微企业的注册信息、涉税信息、进出口信息、公用事业（用水用电等）缴费信息、应收应付信息等非信贷替代数据，实现征信服务向尚未与银行等放贷机构发生借贷关系的小微企业延伸，帮助小微企业实现融资零突破。部分头部企业征信机构已实现企业工商登记、行政奖惩、司法判决、上市公司财务信息等公开信息的全覆盖，并通过与数据源单位合作的方式，采集了800多万户企业的进出口信息、400多万户企业的税务信息、近400万户企业的商业交易信息和近200万户企业的用电信息。

三是征信产品更加贴近企业和金融机构需求。征信机构针对企业信用特点和融资需求开发具体应用场景，除提供传统企业征信报告、企业信用评分等服务外，还提供信息认证、征信风控、反欺诈、融资撮合、营销获客等服务。部分企业征信机构利用替代数据对小微企业的经营实力、风险状况作出评估，受到金融机构欢迎。如百融云创科技股份有限公司与百布网、快塑网等产业互联网平台以及中信银行等金融机构合作，累计为中小微企业解决授信100多亿元。苏州企业征信服务有限公司推出“信e贴”小微企业征信产品，专门服务企业票据贴现需求。成都数联铭品科技有限公司联合九江银行共同研发“房抵极速贷”，满足小微企业及企业主的经营和消费需求。

### （二）建设地方征信平台，促进信用信息共享

人民银行积极推动各地以省级或地市级为单位建立以小微企业非信贷替代数据为核心的地方征信平台，推动地方政府部门、公用事业单位掌握的公共信用信息开放并在金融领域应用，作为金融信用信息的替代数据，帮助了解小微企业尤其是缺乏借贷记录的小微企业信用状况。2019年，批设苏州小微企业数字征信实验区，推广苏州、台州地方征信平台建设经验，鼓励地方因地制宜开展地方征信平台建设，目前安徽、广东、云南、四川、沈阳、杭州等省市地方征信平台已上线运行。地方征信平台与各地金融综合服务平台对接或直接承担金融综合服务平台功能，为金融机构和小微企业提供供需对接、信息查询、信用评价、风险预警及风险分担、缓释或补偿的“一站式”综合服务。

### （三）征信服务小微企业融资发展

小微企业融资难是一个世界性难题，信息不对称是制约金融服务小微企业的主要瓶颈。人民银行指导数联铭品、苏州征信、微众信科、百融云创、爱信诺征信、品尚征信、安徽征信7家市场化企业征信机构，探索利用非信贷的替代数据，帮助银行判断小微企业信用状况，有效缓解银企信息不对称问题，提高银行获客效率和风控水平，小微企业融资可得性明显提高，出现小微企业融资“面扩、量增、价低、险控”新局面。

#### 专栏二　发挥企业征信服务功能，助推小微企业融资发展

小微企业融资受益面进一步扩大。按可比口径，2019年，7家监测机构总计提供小微企业征信服务926.89万次，较上年增长254.04%；累计帮助320.33万户小微企业向金融机构提出融资申请，申贷户数增长147.95%；帮助57.85万户小微企业获得贷款，获贷户数增长61.17%；小微企业获贷率为18.06%，远高于小微企业10%左右的平均获贷率。

小微企业通过征信服务获得贷款额度快速增长，信用贷款占比不断上升。2019年全年，小微企业通过7家监测机构征信服务获得贷款3703.53亿元，较上年增加1900.97亿元，增长105.46%，其中发放信用贷款1868.48亿元，较上年增加1119.62亿元，增长149.51%。信用贷款占总贷款额的比重为50.45%，较上年提升近10个百分点；小微企业户均贷款额度64.02万元，较上年增加13.8万元，增长27.48%。商业银行等放贷机构利用7家监测机构征信服务发放的小微企业贷款有一半以上是纯信用贷款，加权平均年利率为7.41%，处于较低水平。

拥有优质信用的小微企业融资风险维持在较低水平。通过7家监测机构征信服务平台获得贷款的小微企业新增不良率为0.8%，新增信贷风险得到有效防控。累计不良率为1.15%，持续处于低位，小微企业信贷风险防控表现良好，征信防范违约风险作用日益突出。

## 四、信用评级市场

### （一）信用评级市场高质量发展

**1.信用评级行业持续加快集中**

近年来，在市场竞争和监管引导的作用下，信用评级市场不断发展壮大、优化整合，评级业务、人才储备、市场利润等逐渐向有实力的机构集中，以大型债券市场信用评级机构为主、小型信贷市场信用评级机构为辅的市场架构已基本形成。

一是大型机构的资产规模占比不断提高。截至2019年末，全国备案信用评级机构95家；机构注册资本合计24.20亿元，同比增长11.02%；机构总资产62.34亿元，同比增长5.13%，其中15家资产超过1亿元的机构资产总量达53.76亿元，占市场总资产的86.24%，同比提高10.52个百分点。

二是人才储备逐步向大型机构集中。截至2019年末，全国备案信用评级机构专业人员共2832人。其中，100人以上的机构8家，其人员占总人数的53.95%；20~100人的机构16家，其人员占总人数的21.72%；20人以下的机构71家，其人员占总人数的24.33%。13家债券评级机构研究生及以上学历人员1697人，同比增长33.52%，占其总人数的89.13%；高级分析师434人，同比增长46.13%，占其分析师人数的37.22%。

三是行业利润进一步向大型机构集中。2019年，全国备案信用评级机构营业收入总额28.51亿元，同比增长3.30%。其中，评级收入总额24.08亿元，占营业收入的84.47%，同比提升1.97个百分点，其他业务主要涉及行业信用评价、企业信用管理咨询、企业征信服务等信用服务领域。11家机构评级收入高于全国平均水平，8家头部机构评级收入超过1亿元，其中，中诚信国际最高，达到4.48亿元。但2019年行业盈利有所下滑，全国备案评级机构全年利润总额9亿元，同比减少14.04%。其中62家机构实现盈利，占总机构数的65.26%，同比下降3.49个百分点；盈利前12位机构的利润总和占行业总利润的114.82%[①]，同比提高16.82个百分点。

四是业务不断集中且竞争格局逐渐趋于稳定。以评级业务量为指标，运用赫芬达尔—赫希曼指数（HHI）[②]计算市场集中度得出，2019年信用评级市场HHI为0.07826，同比提高19.88%，表明评级市场业务进一步向头部机构集中。其中，银行间债券评级市场2019年HHI为0.1433，同比仅提高3.32%，显示市场结构趋于稳定。

**2.信用评级产品随债券市场发展不断扩面增量**

首先，评级产品覆盖面持续扩大。2019

① 2019 年部分机构亏损，因此前 12 位机构利润大于行业总利润。

② 赫芬达尔—赫希曼指数（Herfindahl-Hirschman Index，HHI）是指一个行业中各市场竞争主体所占行业总收入或总资产百分比的平方和，用来计量市场份额的变化，即市场中厂商规模的集中度。HHI 越大，表示市场集中度越高，垄断程度越高，竞争水平越低。当市场独家垄断时，HHI 等于 1；当所有企业（$n$ 家）规模相同时，HHI 等于 $1/n$。即 HHI 在 $1/n$~1 取值。具体计算时，若市场中厂商较多，一般取份额占比前 50 户参与计算。

年，债券市场完成债券首次评级9429笔，同比增长26.4%，其中市场份额居前三的分别是非金融企业债务融资工具评级、公司债评级和资产支持证券评级（见表1）。2019年，我国债券市场共发行债券45.3万亿元。

**表1　债券信用评级产品市场份额统计**

| 产品种类 | 本年评级总量（笔） | 同比变化（%） |
|---|---|---|
| 非金融企业债务融资工具评级 | 2731 | −4.68 |
| 公司债评级 | 2225 | 50.95 |
| 资产支持证券评级 | 2091 | 76.01 |
| 金融债券融资工具评级 | 831 | 93.26 |
| 企业债券评级 | 505 | 1.20 |
| 其他 | 1046 | 48.79 |

注：1.统计日期截至2019年12月末。

2.非金融企业债务融资工具主要指非金融企业在银行间债券市场发行的（超）短期融资券、中期票据、集合票据、定向私募债券、资产支持票据等；公司债是在交易所市场发行的普通公司债券、中小企业高收益债券、可转换债券等；资产支持证券包括银行间债券市场、交易所市场在内的全市场资产证券化产品；金融债券融资工具主要是指商业银行在银行间债券市场发行的一般债券、次级债券、混合资本债券等，以及非商业银行在银行间债券市场发行的财务公司债券、租赁公司债券、汽车金融公司债券、证券公司债券、保险公司债券等；企业债券是指企业经发展改革委审批后发行的债券；其他指除上述品种外，如包含地方政府债在内的其他类型债券。

信贷市场评级机构业务则主要针对借款主体、小额贷款公司和融资性担保公司、商业承兑汇票等评级。2019年，信贷市场评级业务量继续萎缩，全国共完成5257笔业务，同比下降34.49%。

其次，债券产品创新助推评级方法不断发展。2019年，除地方专项债、纾困专项公司债、创新创业公司债、项目收益债、绿色债券、熊猫债等券种持续发展外，“双创”效应债券、“一带一路”公司债、轨道交通专项债等债券市场创新券种不断涌现（见表2）。此外，资产支持证券市场产品也创新不断，先后发行首单可扩募物流仓储REITs、首单新三板挂牌企业供水收费权资产支持证券、首单知识产权类融资租赁ABN、首单基础设施类REITs以及首单小贷模式知识产权资产支持证券等产品，首单发行产品呈数目多、涉及基础资产类型多的特征。债券产品的创新也推动了评级机构优化评级方法、提升评级质量，促进了评级业的发展。

| 表2　2019年部分创新债券发行统计 | | | |
|---|---|---|---|
| 债券种类 | 债券名称 | 发行期数（期） | 发行金额（亿元） |
| 债务融资工具 | 社会效应债券、“双创”中期票据、“双创”定向债务融资工具、扶贫票据 | 17 | 162.50 |
| 企业债 | 市场化银行债权转股权专项债、“双创”孵化专项债、养老产业专项债、城市停车场建设专项债、城市地下综合管廊建设专项债、社会领域产业专项债 | 58 | 459.39 |
| 金融债 | 创业创新专项金融债、小型微型企业贷款专项金融债、“三农”专项金融债 | 159 | 7641.7 |
| 公司债 | 创新创业公司债、项目收益专项公司债、纾困专项公司债、“一带一路”公司债 | 155 | 1258.32 |
| 地方债 | 土地储备专项债、收费公路专项债、棚改专项债、轨道交通专项债 | 271 | 13046.13 |

**3. 信用评级质量持续提升**

一是评级准确性持续提高。评级违约率分布基本符合与信用等级分布成反比的规律，显示信用评级较好地揭示了信用风险。不同信用等级的发行利差也体现了级别与利差的反向关系，且各级利差均存在显著性差异。以270天超短期融资券为例，AA、AA+与AAA级别的利差均值分别为259.44个基点（BP）、176.17BP和80.48BP，表现出评级较好的区分度。

二是评级稳定性持续提高。2019年，债券市场长期债项级别稳定性持续提高，信用等级迁移中AAA级、AA级、A级维持率分别为99.45%、97.20%和94.29%[①]，同比分别提高1.51个、2.07个和8.2个百分点，且高级别迁移倾向于上调，如AA级上调率为2.49%，高于下调率2.18个百分点。

三是风险揭示能力持续提高。2019年，我国债券违约[②]211只，涉及发行主体69家，其中51家为新增[③]，涉及违约金额1264.8亿元，同比增长20%；部分评级机构对发行人的信用状况变化进行了有效预警，显示出信用评级风险揭示能力有所提升。新增违约发行主体中，有39家在2019年初具有有效主体信用等级[④]，各评级机构对其中36家的主体级别进行了调整，其中10家发行人的首次负面调整发生在违约当天或违约前后1个月内，发生在违约前1~3个月内、3~6个月内的各有7家，违约6个月以前即进行负面评级调整的有12家。

① 包含细分级别，如 AA 级包含 AA+ 级、AA 级以及 AA- 级。

② 违约是指债项发行主体不能按照事先达成的债项协议履行其义务的行为。

③ 新增违约主体指在 2019 年 1 月 1 日前没有发生过违约的发行主体。

④ 另有 7 家违约主体均为私募债，未在公开市场发行，暂无法通过公开数据查询到这些主体的信用评级情况。

## （二）信用评级市场加快对外开放

为推动我国信用评级业对外开放、促进我国资本市场发展并与国际资本市场对接、加速国内评级行业优化整合，2019年7月20日，国务院金融稳定发展委员会办公室发布《关于进一步扩大金融业对外开放的有关措施》，“允许外资机构在华开展信用评级业务时，可以对银行间债券市场和交易所债券市场的所有种类债券评级”。

**1. 外资信用评级机构开始在境内展业**

2019年1月28日，中国人民银行营业管理部发布公告，对美国标普全球公司（S&P Global Inc.）在北京设立的全资子公司——标普信用评级（中国）有限公司［以下简称标普（中国）］予以备案，交易商协会也于同日公告接受标普（中国）进入银行间债券市场开展债券评级业务的注册，标志着外资机构正式获准进入中国开展信用评级业务。2019年7月11日，标普（中国）发布首份评级报告，正式在境内展业，随后陆续针对金融机构（工银金融租赁、泸州银行）、资产证券化（建元2019年第十期、第十二期个人住房抵押贷款资产支持证券）、非金融机构、熊猫债[①]的发行主体开展了主体或债项信用评级，并参与国内评级市场研究，发布了关于中国银行业、工商企业和城投公司潜在信用质量等三篇研究报告。2020年1月，中美签署的第一阶段经济贸易协议确认了美国信用评级服务前期入华成果，并对后续许可、牌照申请、合资股权及中方信用评级服务提供者在美待遇作出了进一步约定，中美信用评级市场双向开放将加快。

### 专栏三　国际评级机构积极寻求科技化发展

近年来，以标普、穆迪、惠誉为代表的国际主要信用评级机构，开始以外部收购以及内部开发并行的模式加大金融科技方面的投入。金融科技化有助于提升信用风险揭示水平、拓展核心业务、开拓创新业务、降低运营成本。

标普——通过收购SNL Financial公司，为其银行和保险业务提供强有力的科技支撑;通过收购Panjiva增强了全球供应链领域处理无序数据的能力，助力其提供更具洞察力的产品和数据;通过收购Kensho公司，增强其人工智能、机器学习和数据可视化方面的能力；通过收购RateWatch和FiscalNote两个科技公司，增强了其数据处理方面的能力。此外，标普还十分注重信用风险工具和模型的开发。其Market Intelligence部门依托评级积累的数据和新技术开发了PD Fundamentals和CreditModel™等7个分析工具，帮助投资者有效评估交易对手和投

① 企业评级（非债券市场信用评级）和熊猫债发行人的主体评级为保密评级，未公开发布。

资的信用风险；开发RatingsDirect平台，将研究分析和数据、信用风险指标、动态可视化工具有机结合，助力客户分析研究并绘制跨行业、公司、证券的信用情况和趋势；开发Credit Assessment Scorecards平台，涵盖了90多个行业与国家的风险评分，为客户决策和内部风险评级系统提供有效的信息支撑。

穆迪——通过收购GGY公司，进一步提高其对保险业公司的资信评估水平；通过收购毕威迪公司，将穆迪的信用分析与毕威迪公司的数据分析技术有机结合；通过收购REIS公司，提升其对房地产行业的资信评估能力。通过外部投资并购的方式，穆迪将优秀的研究机构和科技公司纳入麾下，在增强技术实力的同时也完成了业务范围的扩张。系统开发方面，穆迪开发了用于评估企业违约概率的Credit Monitor模型、用于评估非上市公司违约概率的RiskCac™模型，同时开发了允许多个并发用户交互协同生成经济情境或预测的Scenario Studio平台。

惠誉——通过收购Algorithmics公司增强了定量分析能力，促进了其企业风险管理解决方案的技术发展。其内部负责技术研发的Fitch Solutions部门推出的交易对手风险解决方案，可获取惠誉的评级和研究数据、金融隐含评级和其他分析、当地市场动态分析及其支撑数据等，并在最新的产品更新中加入了文本挖掘和机器学习等新技术的运用，能够更精准有效地为用户推送相关信息和服务。

欧盟评级机构——尽管三大国际评级机构占据了欧盟绝大部分市场，但欧盟本土评级机构仍通过开发数量模型和自动化分析等技术来提升评级能力。如意大利ModeFinance公司推出了S-Peek服务，客户只需输入企业基本财务数据，模型自动将市场、行业、政策等因素与企业数据整合运算分析，客户可免费获取测评结果、付费获取深度分析。

**2. 本土评级机构加快国际化步伐**

在我国金融行业对外开放的背景下，本土评级机构陆续走出国门，拓展国际评级业务，争取国际债券市场的评级话语权。一是积极拓展境外主体评级业务。中诚信国际信用评级有限责任公司、联合资信评估有限公司和中证鹏元资信评估股份有限公司通过在香港设立子公司并取得信用评级牌照方式，积极开展中资美元债①评级。截至2019年末，公开发布47家中资美元债发行人的主体评级，为当年发行的26只美元债评级，涉及融资额91.2亿美元。同时，通过熊猫债评级、特别提款权（SDR）计价债券评级支持境外主体在银行间债券市场及交易所市场发债42只，规模分别为631亿元人民币和1亿特别提款权。二是积极开展境外

① 中资美元债是我国境内企业到境外发债的一种方式，以美元计价，最后以美元还本付息，属于美元资产。目前主要在中国香港、新加坡、德国等地交易，其中房地产美元债、城投美元债相对集中在港交所交易。

信用研究。2008年国际金融危机后，中资评级机构快速涉足主权评级领域，并先后发布主权信用评级方法和评级结果，建立了覆盖全球大部分国家及地区的主权评级体系，同时定期发布对国际宏观经济、境外市场运行及全球信用风险的分析，不定期发布对重大风险事件的信用风险评论，有力地支持了国际市场业务的拓展和国际影响力的提升。三是积极与境外政府、非政府组织和机构开展信用评级交流合作。中诚信国际信用评级有限责任公司、联合资信评估有限公司、上海新世纪资信评估投资服务有限公司、远东资信评估有限公司、大公国际资信评估有限公司和东方金诚国际信用评估有限公司加入亚洲信用评级协会，中诚信国际信用评级有限责任公司、联合资信评估有限公司和大公国际资信评估有限公司加入国际资本市场协会（ICMA）。2019年，中诚信国际信用评级有限责任公司分别与俄罗斯Expert RA评级公司以及伊斯兰金融领域知名金融机构Yassar签署合作备忘录，在中国在岸及离岸资本市场开展包括评级业务在内的多项合作，并与巴基斯坦VIS 集团、德国RAEX-Europe评级公司联合发布《“一带一路”沿线国家风险报告（2019）》。东方金诚国际信用评估有限公司与俄罗斯信用评级机构Analytical Credit Rating Agency签订中俄信用评级战略合作协议，联合日本评级机构JCR、日本三井住友日兴证券举办“中国企业跨境融资与境外投资者关系”国际研讨会。这标志着国内评级机构在不断壮大自身的同时，进一步加强与国际评级市场的合作与交流。

2019

# 第三章　征信市场管理

一、征信市场发展规划

二、征信法规制度建设

三、征信市场治理

## 一、征信市场发展规划

### （一）“政府+市场”“全国+地方”双轮双层驱动的征信发展模式

人民银行坚持“政府+市场”“全国+地方”双轮双层驱动的征信市场发展思路，在发挥国家金融信用信息基础数据库主渠道作用的同时，充分调动各地市场力量，利用征信服务重点突出解决小微企业融资中的信息不对称和首贷问题。一是指导各地按征信全覆盖要求，加大对小微企业征信信息的采集和服务力度。鼓励地方政府因地制宜，复制苏州、台州等地的模式和经验，推动政府部门、公用事业单位掌握的小微企业替代数据在金融领域的共享与应用。二是推动企业征信市场供给侧结构性改革，增加征信有效供给。优化企业征信市场发展格局，培育龙头企业征信机构，支持企业征信机构多渠道、广维度采集小微企业信息，运用大数据、区块链、人工智能等技术，创新开发更符合小微企业特性的征信产品和服务，更好改善银企间信息不对称。三是全面深化征信应用，发挥征信赋能小微企业作用。引导金融机构与企业征信机构、地方征信平台建立长期、深入的合作关系，加强专业化、定制化小微企业征信产品的开发与应用，综合评价小微企业信用风险，提升信用状况良好小微企业的贷款可得性。

### （二）征信推进区域一体化发展

贯彻落实党中央关于长三角一体化发展的大政方针，建设一体化、市场化的长三角第三方征信体系，改善当地营商环境，改进小微企业金融服务，促进地方经济高质量发展。以苏州小微企业数字征信实验区为先导，有序引入具有一流竞争力的市场力量，增加长三角征信市场有效供给，支持征信机构提供服务民营和小微企业的特色征信产品。组织人民银行分支机构因地制宜，围绕解决小微企业、民营企业融资中的信息不对称问题，复制“苏州模式”“台州模式”，推进地方征信平台建设，促进平台间互联互通。在苏州、安徽召开长三角征信一体化建设座谈会，研究制定《长三角征信一体化建设实施方案》，在实现长三角地区金融信用信息的征信全覆盖基础上，推动实现长三角地区小微企业替代数据、征信产品和服务应用的征信全覆盖。

### （三）征信市场对外开放

一是推动企业征信市场对外开放。人民银行与商务部于2016年联合颁布了公告，对设立外商投资征信机构实施国民待遇。2017年10月，根据美资征信机构上海华夏邓白氏商业信息咨询有限公司［美国征信机构邓白氏（Dun&Bradstreet）在境内设立的外商投资征信机构］的申请，人民银行上海总部依法为其办理了企业征信备案。2018年8月，根据英资征信机构益博睿征信（北京）有限公司［英国征信机构益博睿（Experian）在境内设立的外商投资征信机构］的申请，人民银行营业管理部依法为其办理了企业征信备案。

二是加强海峡两岸征信合作。人民银行指导福建品尚征信有限公司与台湾中华征信所签订全面战略合作协议，推出包括企业和个人两大类共7个细分品种的台湾地区征信查询服务，为大陆地区的金融机构与小微企业提供台企、台胞征信查询服务。截至2019年末，品尚征信与建设银行、农业银行等多家金融机构签订台湾地区征信查询服务协议，为其提供了台企、台胞在台湾地区的征信报告。

## 二、征信法规制度建设

### （一）出台《信用评级业管理暂行办法》

信用评级是企业征信的高级形式。2008年国际金融危机后，世界主要国家均先后立法加强信用评级监督管理。针对我国信用评级监管长期无法可依的现状，人民银行牵头协调国家发展改革委、财政部和证监会，并报请国务院批准，以联合部门规章的形式，于2019年11月26日正式发布《信用评级业管理暂行办法》（以下简称《办法》），建立了我国信用评级行业监管的统一标准，改变了过去评级行业多个部门“分而治之”的监管格局。这既有利于与现有监管规则之间相互衔接，又充分考虑了各类评级业务的自有规则，同时明确了各方的法律责任，将推动我国评级行业在新时代迈上新台阶。

一是建立统一的市场监管体系。《办法》明确了人民银行为信用评级行业主管部门，国家发展改革委、财政部、证监会为信用评级业务管理部门，行业主管部门和业务管理部门建立部际协调机制，依法实施具体监管。交易商协会、证券业协会、国债协会、外部评级风控委员会等自律组织或机制作为有效补充依法开展行业自律管理。《办法》的出台标志着评级行业基本监管规则的确立，建立了“行业主管部门+业务主管部门+行业自律协会组织”共同参与的监管体系，形成了与分市场、分品种的业务管理规则相协调的统一监管框架。

同时，《办法》还结合近年来国内的监管实践，与国际评级监管准则在加强外部监管、提高市场透明度、促进行业竞争、强化责任追究等方面相衔接。在市场化约束机制方面，弱化事前监管，便于信用评级机构开展充分的市场竞争。在管理原则方面，加强对信用评级机构在独立性、透明度、利益冲突管理、评级程序规范等方面的监管，便于市场各方对信用评级机构的评级质量、评级技术、人员配备、从业经验等作出比较和判断。在监管模式方面，厘清监管规则和边界，在保持相对独立性的同时，建立统一监管框架依法实施具体监管。在责任追究方面，明确相关部门的监管权力及各方法律责任，进一步提高处罚金额，加大执法威慑力。

二是强化全流程的评级业务监管。《办法》弱化事前监管，以事中、事后管理为重点，加强对信用评级机构业务经营全流程的监管，推动评级市场质量提升。第一，在备案管理方面，明确了备案机构以及信用评级机构备案资质的具体要求，要求信用评级机构及时就关键信息变动向备案机构办理变更备案。第二，在人员管理方面，要求信用评级机构加强对高级管理人员和信用评级分析人员的业务培训和业务能力测试，将其基本信息向备案机构办理备案，并接受备案机构对其专业素质合格性的评估。第三，在业务程序方面，要求信用评级机构严格遵循评级业务程序有关规定，落实评级业务制度，确保尽职调查、初评、三审程序、评审委员会、跟踪评级等环节合规有序开展。第四，在独立性方面，要求信用评级机构确保在执业、机构、人员、部门、薪酬等方面的独立性，防止评级结果受到其他商业行为的不当影响，保障信用评级分析与结果的客观公正。第五，在信息披露渠道和内容方面，要求信用评级机构保障对基本信息、独立性、评级质量、信息来源、第三方尽职调查等情况的准确披露，特别是评级报告采用的评级符号、评级方法、评级模型和关键假设等内容，体现评级的可靠性，利用外部监督优化评级服务质量。

三是从严制定违规处罚标准。《办法》规定了信用评级行业主管部门、业务管理部门及其派出机构依法合规履行对信用评级机构的监管职责，强化对机构备案管理、业务开展、内部管理、独立性、信息披露等方面的现场检查，并利用非现场监管手段，形成立体化的监管体系。同时，《办法》还进一步明确了市场主体的法律责任，针对信用评级机构在备案管理、信息披露、独立性等方面的合规问题，大幅提高了处罚金额，最高可达到评级机构业务收入的3倍。《办法》对法律责任的明确与加强，将有效震慑部分存在违规展业、恶性竞争、扰乱金融市场秩序等行为的评级机构，促进国内评级机构尽快适应国际标准，推动评级行业规范发展，提高境内外投资者对人民币债券市场的信心。

### （二）修订《应收账款质押登记办法》，提升企业融资的可获得性

根据《中华人民共和国物权法》第二百二十八条的规定，中国人民银行于2007年颁布了《应收账款质押登记办法》，对应收账款质押和转让登记、查询活动进行了规范。近年来，动产融资业务发展迅速，市场主体对于建立高效便捷统一的动产担保制度、提升企业融资可获得性具有较强需求。此外，在优化我国营商环境的背景下，有必要对标现代动产担保制度的国际最佳实践，进一步优化现有配套制度。为适应上述新形势和新要求，人民银行对《应收账款质押登记办法》进行了必要的修订。修订后的《应收账款质押登记办法》（中国人民银行令〔2019〕第4号发布）自2020年1月1日起施行。

修订后的《应收账款质押登记办法》适应动产融资业务发展的新形势和新要求，在适用范围、登记协议、登记期限、责任义务等方面作出修订。主要修订内容包括：（1）在附则中增加其他动产和权利担保交易登记的参照条款，满足市场主体自发开展动产担保交易登记的需求，加强对各类登记行为的正面引导；（2）取消登记协议上传要求，提高登记效率；（3）将初始登记期限、展期期限下调为最短1个月，使登记期限的选择更加灵活便利；（4）增加融资各方法律纠纷责任义务条款，明确由登记方承

担保证信息真实性的责任；（5）修订或新增债权人与质权人名称、注销登记时限、撤销登记、解释权限等其他条款，使表述更加规范、明确。

### （三）开展个人金融信息保护研究

党的十九大以来，个人信息保护法律体系不断完善。十三届全国人大常委会将个人信息保护法列入本届立法规划一类项目，标志着我国个人信息保护立法进程明显加快，有望解决长期以来我国缺乏个人信息保护基本法律的问题，为全面保障自然人个人信息权益提供法律依据。而党的十九届四中全会首次将数据界定为生产要素，从战略层面明确了数据在数字经济时代的巨大价值。

个人金融信息作为个人信息中最具含金量的部分，兼具个人隐私和财产权益双重属性，迫切需要通过加强立法予以重点保护。长期以来，人民银行高度重视个人金融信息保护和应用的法制工作，在保障信息安全的前提下，充分发挥个人金融信息的应用价值。其中，最具代表性的为2013年推动出台的行政法规《征信业管理条例》。通过建立信用信息共享机制，实现了个人信用信息主要是个人金融领域借贷信息在征信机构、信息提供者和信息使用者之间的有序流转，为防范和化解金融风险、促进普惠金融发展、优化营商环境提供重要保障。

人民银行作为我国的中央银行，认真贯彻落实党的十九大和十九届四中全会精神，在开展调研论证的基础上，针对当前个人金融信息保护方面出现的问题，坚持问题导向和目标导向，积极研究推动个人金融信息保护专门法制建设。一方面，有利于加大行政监管力度，严厉打击非法从事个人金融信息买卖活动，清理市场乱象，规范市场秩序，实现个人金融信息依法合规产业化流转；另一方面，可以与国家层面的个人信息保护法形成有序衔接，在个人信息保护基本法制框架内，实现对个人金融信息的重点保护，增强人民群众的获得感、幸福感和安全感。

## 三、征信市场治理

### （一）对人民银行征信中心的监管与业务指导

人民银行征信中心作为国家金融信用信息基础数据库的运维机构，其运行维护的基础征信系统是我国金融基础设施的重要组成部分，采集、整理、加工持牌金融机构信贷信息为主的征信信息，并对外提供基础征信服务。按照《征信业管理条例》规定，中国人民银行将金融信用信息基础数据库运行机构作为特殊的监管对象，采取与监管征信机构类似的监管原则和监管模式，对征信中心进行业务指导，并实施监督检查，确保其业务符合条例的规定和人民银行的各项监管要求。这种监管模式也是与征信中心作为基础征信系统运行机构的整体定位相适应的，其核心目的是保障金融信用信息基础数据库的稳定运行，确保信用信息安全。

2019年，人民银行不断加强对征信中心的业务指导工作。一是继续做好一代征信系统的信息安全管理工作，通过系统风险排查、异常查询监测等，健全信息安全体制，提高安全管控水平；二是指导征信中心稳妥推进二代征信系统建设工作，为二代征信系统切换上线夯实基础；三是指导征信中心改进面向个人、企业信息主体的征信服务和权益保护，多渠道拓展信用报告自主查询服务，提高异议处理效率；四是指导征信中心推动动产融资统一登记公示系统和应收账款融资服务平台建设工作，在服务民营和小微企业融资、助力营商环境优化等方面发挥重要作用。

### （二）基础征信系统接入机构监管

#### 1. 征信信息安全管理总体可控，但仍面临巨大挑战

保障征信信息安全是征信业发展及其监管的立足之本，是防范系统性金融风险、维护金融稳定的重要屏障，是维护信息主体合法权益的内在要求。人民银行牢牢守住征信信息安全的工作底线，完善内控管理机制，优化安全防控策略，加大治理整顿力度，征信系统平稳健康有序运行，征信信息安全形势总体可控。

同时，面对征信市场的逐步开放、互联网技术的迅猛发展和大数据金融风控类机构的快速兴起，作为重要资源的信用信息在界定、流转、交易、挖掘等各方面突破了传统认知，一方面给征信信息安全管理带来了挑战，另一方面数据黑色灰色利益链条各环节潜伏着征信信息泄露隐患，信息安全形势依然严峻。

#### 2. 坚守征信信息安全底线，全方位强化征信监管

加强征信合规和信息安全管理，是新时代征信监管工作的核心与底线。2019年，人民银行认真贯彻落实《征信业管理条例》、《中国人民银行关于加强征信合规管理工作的通知》（银发〔2016〕300号）、《中国人民银行关于进一步加强征信信息安全管理的通知》（银发〔2018〕102号）等制度要求，严监管、强监管、重处罚，全方位保障征信信息安全。

一是不断压实征信信息安全问责机制。按照“分级管理、逐级负责”原则，明确责任分工和责任追究机制，实现责任层层落实、压力层层传导，推动责任相关主体主动作为；对征信安全责任事故严格问责，从严、从重把握征信执法检查尺度，严厉打击征信违法违规行为，向全社会征信从业机构和征信从业人员发出强有力的信号，对违法分子形成强大的震慑。

二是指导接入机构进一步提高技防能力。大力推动应用征信查询前置系统，不断优化升级征信业务信息系统，推进业务触发式查询，实现信用报告脱敏展示、结构化展示和自动解读，杜绝征信信息泄露风险。开展异常查询监控，落实用户实时阻断机制，针对用户查询量突增、长期睡眠用户重启等异常现象，实时阻断用户权限，有效避免潜在的征信信息泄露风险。

三是强化接入机构的征信业务非现场监管。人民银行多措并举，进一步强化非现场监管。加大征信信息查询日核查、月报表、季度自查制度执行力度。2019年，首次开展征信接入机构年度考核评级工作，按照五大类48项监管指标的考核评级标准，对征信接入机构开展考核评级工作，并根据考评结果采取了差异化监管措施。完善征信异常查询

监测工作机制，及时监测、核实异常查询行为，引导各征信机构合规查询和使用信用报告、避免信息泄露。

四是加强征信现场执法检查。人民银行将现场检查作为管控接入机构征信业务合规问题的重要手段。针对日常监管状况，综合考量自查自纠、异常查询监测等确定检查对象，科学制订检查方案和规划，开展现场执法检查。2019年，各级征信监管部门集中力量对交通银行、华夏银行、兴业银行以及浙商银行开展征信专项执法检查，并结合当地实际组织开展了征信执法检查。2019年，共检查接入机构及其分支机构4300家，处罚117家机构和99名个人，罚款金额达722.85万元，进一步强化了征信合规监管的刚性约束和威慑效应。

五是开展征信合规教育培训。人民银行通过加强对征信从业人员的合规教育，强化合规意识、风险防范意识和业务能力，加筑“人防”防线。2019年人民银行统一组织，制订培训计划与方案，编辑教材，编制视频课件，开展征信合规远程培训，通过线上线下相结合的方式实现征信合规教育全面覆盖。征信系统接入机构、征信机构、信用评级机构建立实施合规教育培训计划，通过内部培训、上岗前考试、宣传教育等方式强化从业人员合规意识，提升征信业务能力。

## （三）个人征信市场监管

### 1. 加强对持牌个人征信机构的监督管理

百行征信有限公司（以下简称百行征信）作为人民银行发放的首张个人征信牌照持有者，其运行是否合规直接关系到个人信息权益保护是否到位。人民银行不断加强对百行征信的监督管理，促进其增加个人征信市场有效供给，切实保护个人信息主体合法权益。一是依法履行行政许可职责，于2019年5月和10月两次受理并审查核准了百行征信董事、监事、高级管理人员任职资格。二是加强非现场监管，建立非现场监管月报表制度，督促百行征信按照《征信业管理条例》等法律法规的要求，及时报送征信业务开展情况报告、财务会计报告、审计报告等材料，全面掌握百行征信日常运营情况。三是督促百行征信委托有资质机构对其征信系统开展等保测评工作，并对等保测评中提出的问题认真进行整改，确保数据安全。四是推动百行征信积极参与互联网金融整治工作，加快接入P2P网贷平台等互联网金融机构，尽快完成对互联网金融行业的全覆盖。五是开展百行征信现场检查工作，向百行征信下发《中国人民银行执法检查通知书》，并于2019年底对其开展全面的现场执法检查，对执法检查中发现的内控制度不完善、信息安全保障措施不到位等问题督促整改。

### 2. 加强对金融机构使用外部数据的指导

2019年，针对市场频繁发生数据公司违规采集和提供个人信息、涉嫌非法买卖个人信息案件问题，人民银行多次召集金融机构座谈，要求其全面梳理外部数据合作机构，确保信息来源合法、信息使用合规，不得与没有征信业务资质的第三方机构合作获取个人信用信息。

## （四）企业征信市场监管

人民银行对备案企业征信机构开展现场

检查和非现场监管，进一步规范企业征信机构执业行为。

一是开展现场检查。人民银行分支机构采取进场座谈、调阅资料、查看系统、数据比对等方式，对备案企业征信机构进行现场检查。检查内容覆盖制度建设执行、业务开展、数据库建设、信息采集、信息查询应用、异议处理、信息安全等方面。2019年，人民银行分支机构对备案企业征信机构开展现场检查14次，查阅档案1557份，提出整改建议71条。此外，各分支机构还通过现场巡查、走访调研形式了解备案企业征信机构业务开展情况。

二是逐步健全非现场监管手段。持续开展备案企业征信机构业务监测，全面收集、动态监测征信机构基本情况和业务经营信息。组织企业征信机构按照制度规定进行自查自纠，及早发现问题线索，督促机构落实整改。以现场检查和非现场监管发现的问题为线索，对备案企业征信机构进行实地调研和督导，提高业务规范性。采取监管提示、自律管理、大数据分析、舆情监测等多种手段，创新开展非现场监管。

### （五）治理征信市场乱象

针对各类非法经营征信业务、扰乱征信市场秩序的行为，人民银行组织分支机构“堵邪门”，全面摸排征信市场乱象，齐抓共管治理违法违规机构，同时“开正门”，引导合法机构办理备案，取得良好治理效果。一是严肃清理滥用“征信”字样行为。将“征信”字样纳入市场准入负面清单，对于新注册企业进行前置审核，严把征信市场入口关。各分支机构加强与地方市场监管等部门合作，推动滥用“征信”字样的机构更改名称或注销。截至2019年末，人民银行分支机构已督促253家不从事征信业务的机构变更（含拟变更）名称或经营范围。二是清理长期不开展业务或不再从事征信业务的备案企业征信机构。2019年共注销10家机构的企业征信业务备案。三是为符合备案条件、有实力的机构办理企业征信业务备案。全年新增14家备案企业征信机构。

### （六）信用评级市场监管

从国际信用评级市场发展历程来看，政府监管中对信用评级结果的应用，推动了信用评级业的发展。1936年，美国出台法令第一次禁止银行投资于被“公认评级参考手册”认定的投机级证券，随后几十年评级行业在监管的推动下快速发展。《巴塞尔协议》的产生，更是推动监管使用外部评级成为全球趋势。作为巴塞尔银行监管委员会成员国之一，我国积极推动落实《巴塞尔协议》，也促进了国内评级业的快速发展。30多年来，我国评级机构规模不断壮大，评级技术不断发展，评级结果逐渐趋于合理，社会认可度逐步提高，对促进我国金融市场健康发展发挥了积极作用。但我国信用评级业仍然处于发展初期，还存在监管规则不统一、自身水平不高、独立性不足、商誉和公信力亟待提升等问题。为了明确行业规范，补齐监管短板，有效促进我国信用评级业对外开放和健康发展，推动我国评级行业发展迈上新台阶，经过多年监管探索，人民银行会同国家发展改革委、财政部、证监会，广泛听取各界意见，充分借鉴国际经验，立足我国信用评级行业发展和监管实践，制定了《信用评级业管理暂行办法》，逐步形成了统一标准、协同监管的管理体系。

**1. 促进信用评级市场规范发展**

人民银行组织分支机构严格执行信用评级机构备案管理制度，持续做好市场准入退出管理，督促评级机构严格按照监管要求开展作业，注重现场检查与非现场监管相结合，督促评级机构不断提高内部管理的针对性和有效性，并利用违约率监测与披露、评级质量评估等工作，加强信息披露与共享，促进评级机构主动提升评级质量。2019年，全国新增备案评级机构5家，注销法人评级机构6家；全国24个省级人民银行分支行共完成对76家评级机构（含分支机构）的现场检查或信息安全巡查。此外，积极推动评级机构加强问题整改，促进评级市场合规发展。

**2. 市场自律组织发挥重要作用**

我国目前已成立了外部评级风控委员会，交易商协会、证券业协会、国债协会等也建立了评级专业委员会自律组织或机制，促进了评级行业规范发展。2019年，外部评级风控委员会共召开两次会议，针对委员调整换届、年度工作计划、课题研究、行业发展等方面展开了讨论与分析，推动完善《信用评级行业评级质量考核评估管理规则》和《信用评级行业评级质量考核评估操作细则》，并完成首次评级行业质量考核评估，有效实现了行业自律，并为监管政策制定提供了有力支持。

2019年，交易商协会先后发布《银行间债券市场非金融企业债务融资工具信用评级业务信息披露规则》《银行间债券市场非金融企业债务融资工具信用评级业务利益冲突管理规则》，规范评级业务信息披露和利益冲突管理，进一步强化自律管理和违规处分。交易商协会联合证券业协会，按季度发布债券市场信用评级业务运行及合规情况，通报债券市场10家评级机构的市场表现、业务发展及自律管理、合规情况。此外，各地人民银行分支机构积极引导利用信贷评级机构总经理联席会议制度，强化行业自律，加强行业沟通学习，促进机构优化评级服务质量，推动各地信贷评级市场健康发展。

虽然我国信用评级市场发展速度不断加快，但仍然存在一些问题：一是随着国际评级机构陆续进入国内评级市场，“鲶鱼效应”将越发明显，国内机构在评级技术、数据、人才等方面将面临更大的竞争压力。二是债券评级市场“缩短评级作业时间”“发行后收费”等无序竞争的问题仍时有发生。三是针对债券市场违约，信用评级机构风险预警和风险揭示能力还不能有效满足市场需求。四是信贷市场评级机构业务量持续萎缩，其风险揭示能力、评级模型及评级质量亟待提高。五是大量存量评级机构规模小、人员素质不高、经营困难，缺乏资本及技术的积累，无法满足《信用评级管理暂行办法》监管要求，市场清理任重道远。下一步，人民银行作为信用评级行业主管部门将协同相关业务管理部门狠抓《信用评级管理暂行办法》落实，严格存量机构的重新认定及新增机构甄别，健全“非现场+现场”的互动监管体系，提升监管工作的穿透性和有效性。预计会有更多机构在市场充分竞争条件下进行战略重组，各机构将对标外资评级机构，提升自身评级报告和结果的前瞻性、预判性、灵活性，实现业务类型、作业模式的双重转型升级和与国际市场的有效对接。

### 专栏四　《巴塞尔协议》对评级市场发展的影响

监管导向是信用评级市场发展的重要推手。《巴塞尔协议》作为国际认可的银行资本和风险监管标准，对信用评级行业的发展影响深远。《巴塞尔协议》未出台之前，商业银行很少重视风险管理，更甚少涉及和运用内外部评级信息。《巴塞尔协议Ⅰ》出台之后，商业银行开始利用外部评级管理风险资产。《巴塞尔协议Ⅱ》出台后，出于监管目的使用外部评级开始成为一种全球趋势，逐步推动信用评级机构在国际金融系统占据极其重要的位置。尽管在2017年12月，巴塞尔银行监管委员会正式通过《巴塞尔协议Ⅲ》资本监管改革最终方案，重新设计了“三层梯级”监管资本计量模式体系，其中位于系统顶部的是内部评级法，降低了银行对外部评级法的机械依赖，但总体来看，从《巴塞尔协议Ⅰ》到《巴塞尔协议Ⅲ》最终方案，都在促进商业银行信用风险计量手段提升的同时，推动了外部评级市场的飞速发展，奠定了信用评级机构在国际金融系统中的重要地位。

此外，巴塞尔银行监管委员会认为各国银行监管当局在确定外部信用评级机构的资格时，应参考国际证监会组织发布的《信用评级机构行为基本准则》，公开认定程序，以避免不必要的准入障碍，并提出客观性、独立性、国际通用性和透明度、披露、资源、可信度、不得滥用未经请求的评级、与监管机构合作八个方面的要求，这对于评级业务标准化和国际化具有重要意义，也为世界各国建立信用评级业监管准则提供了基础和统一框架。

2019

# 第四章　央行内部（企业）评级

一、欧洲评级体系框架

二、我国央行内部（企业）评级推广情况

三、我国央行内部（企业）评级工作成效

内部评级是由央行对企业进行信用评估，不以营利为目的，其评级结果服务于央行货币政策和审慎监管，因此相对于其他评级更具权威性和公正性。此外，央行可以通过调整抵押品信用标准来达到熨平经济周期的目的，这是其他评级来源无法实现的。

## 一、欧洲评级体系框架

### （一）欧元体系信用评级框架

欧洲央行主要通过公开市场操作、定期融资工具和最低存款准备金等工具来实施货币政策，其实施货币政策工具时所用到的质押品大体分为市场化资产与非市场化资产两类，前者主要包括中央政府债券、地方政府债券、无担保银行债券、公司债券等，后者主要包括信贷资产、现金存款等。

为规范和统一质押品的信用质量标准，欧洲央行制定了欧元体系的信用评级框架（Eurosystem Credit Assessment Framework，ECAF）。欧洲央行2019年1032号指导方针（Guideline 2019/1032）明确了ECAF体系所采纳的三类评级提供方：外部信用评级机构、成员国央行内部评级和金融机构内部评级，所适用的抵押资产各有侧重。目前，德国、法国、意大利、奥地利、葡萄牙、西班牙、爱尔兰和斯洛文尼亚8家成员国央行的内部评级结果被纳入ECAF体系。

### （二）三类评级方法的优势与局限性

一是外部信用评级机构的优势在于独立性、专业性和信息来源的广泛性。外部评级机构以独立的第三方身份开展信用评级业务，评级结果更客观、公正；其拥有先进评级技术和方法、专门研发部门和技术人员，能够给出较准确的评级结果；其拥有更多的信息搜集渠道，尤其是企业相关负面信息，评级结果更加全面客观。其局限性在于中小企业信息数据来源有限，使外部评级优势很难发挥，评级费用也增加了企业运营成本。

二是各国央行内部评级系统的优势在于其更具权威和公正性。其局限性主要是欧盟成员国中仅有8个成员国央行设有内部信用评级系统。大部分成员国，特别是小成员国受本国央行规模、人员、成本等限制没有构建央行内部评级系统。

三是金融机构内部评级的优势在于，金融机构与待评级资产所属企业已经建立合作关系，更容易获得企业的财务数据和违约信息。其局限性在于独立性不强，易受借贷利益、扩大业务规模等主观因素影响。此外，金融机构内部评级往往存在于大型的金融机构，且需要有较强的信用风险评估能力。

### （三）欧元体系信用评级分类与应用

欧元体系的信用评级框架（ECAF）将企业/债券信用等级分为8级，1~3级为合格质押品所对应的信用等级。为了使同一资产在不同评级体系中的评级结果可进行相互比较，ECAF制定了统一信用评级标准（见表3）。

**表3　各类评级结果映射关系**

| 评级来源 | | | 信用质量等级（一年期违约率上限） | | |
|---|---|---|---|---|---|
| | | | 1 | 2（≤0.10%） | 3（≤0.40%） |
| 外部信用评级机构 | 加拿大DBRS | 短期评级 | — | R-1H/R-1M | R-1L/R-2H/R-2M/ R2-L |
| | | 长期评级 | AAA/AAH/AA/AAL | AH/A/AL | BBBH/BBB/BBBL |
| | 惠誉 | 短期评级 | — | F1+/F1 | F2 |
| | | 长期评级 | AAA/AA+/AA/AA- | A+/A/A- | BBB+/BBB/BBB- |
| | 穆迪 | 短期评级 | — | P-1 | P-2 |
| | | 长期评级 | Aaa/Aa1/Aa2/Aa3 | A1/A2/A3 | Baa1/Baa2/Baa3 |
| | 标普 | 短期评级 | — | A-1+，A-1 | A-2 |
| | | 长期评级 | AAA/AA+/AA/AA- | A+/A/A- | BBB+/BBB/BBB- |
| 央行内部评级 | 德国央行 | 主体评级 | 1/2+/2/2- | 3+/3/3- | 4+/4/4- |
| | 法国央行 | 主体评级 | 3++/3+/3 | 3 | 4+ |

资料来源：欧洲央行官网。

2011年以来，欧洲央行不断强化内部评级的作用，非市场化资产占抵押品总额的比例始终处于高位（见图5）。截至2019年6月末，非市场化信贷资产抵押品价值为3832亿欧元，占抵押资产总额的24.48%，为占比最高的质押品种。

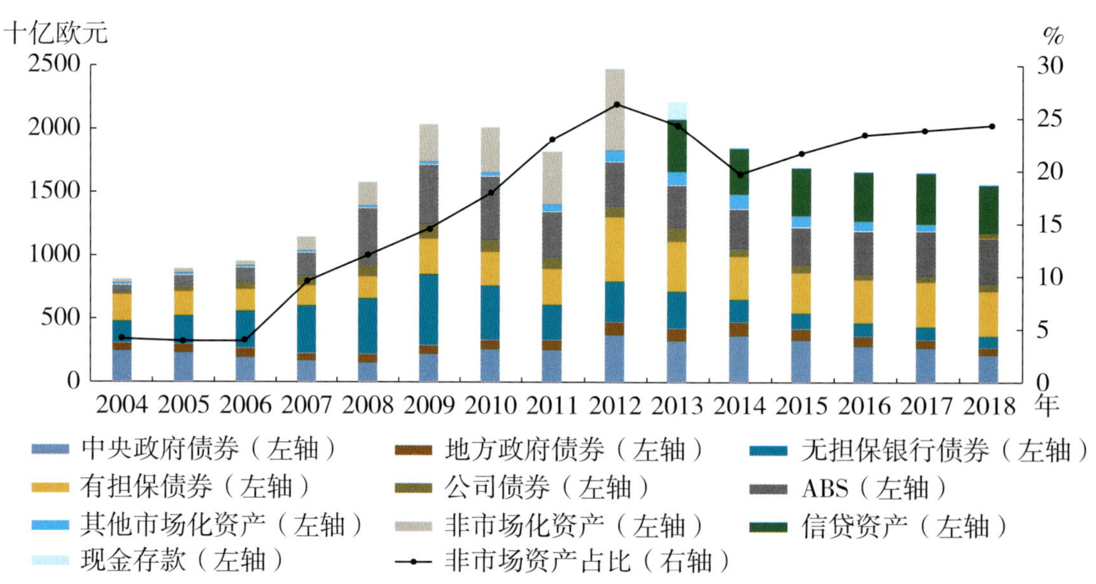


**图 5　欧洲央行质押品（扣除折扣率后）分布情况**

注：自2013年起，欧洲央行非市场化资产分为信贷资产和现金存款两类。

（资料来源：欧洲央行官网）

### （四）主要国家央行内部评级体系介绍

一是德国央行内部评级。德国央行内部评级主要是利用企业（债务人）的财务报表信息、财务比率分析、定性分析、专家系统等，对企业的财务状况、盈利能力和信用质量进行全面综合的分析，据此判断商业银行对该企业的贷款能否作为货币政策操作的合格担保品。德国央行每年约对3万家公司和集团进行评级，其中约50%是小微企业、30%为中型企业、20%为大型企业。德国央行内部评级结果分为1~8类，2~6类又分为3个等级，评级结果在1~4类的企业的贷款具备质押资格。评级结果在1~3类的企业，其一年期平均违约概率不高于0.1%，而评级结果为第4类的企业，违约率在0.1%~0.4%。

二是法国央行内部评级。法国央行的内部评级是其衡量和监测非金融公司信用风险的工具，反映了法国央行对被评级企业在未来三年内履行财务承诺能力的评估。法国央行建立了专门的公司数据库Fiben，收集与被评级企业相关的财务数据、银行贷款、支付事件、法庭判决等有关的信息，并标明信息的有效期。法国央行内部评级由营业额评级和信用评级两部分组成。营业额等级分为15级，按营业额大小分级，从高到低分别用系列英文字母表示。信用等级分为13级，从高到低用3++、3+、3、4+、4、5+、5、6、7、8、9、0和P表示。法国央行还依据客观信息、商事法庭记录等信息对经理人进行评价。经理人指标共分4级，从高到低分别用000、040、050和060表示，仅为银行发放贷款提供参考。

## 二、我国央行内部（企业）评级推广情况

### （一）我国央行内部（企业）评级历程

在借鉴国际经验并充分考虑我国国情的基础上，人民银行于2012年底初步构建了多层次的央行质押品管理框架，将金融机构企业借款形成的信贷资产纳入合格质押品范围。2014年5月开始在山东、广东两省开展试点，2015年10月扩大试点范围，2017年12月正式向全国推广。我国央行内部（企业）评级从无到有，稳步推进（见图6）已平稳度过了业务初创期、平台建设期和工作推

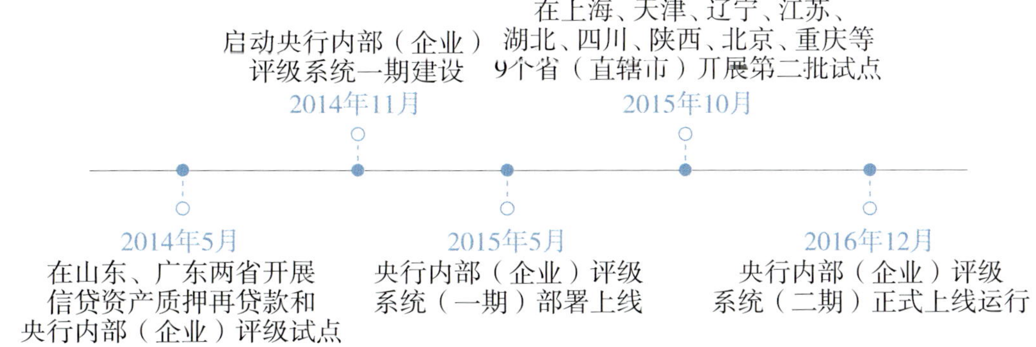


图6　央行内部（企业）评级试点推广和系统建设历程

广期，业务运作模式逐渐成熟，不仅有效防范了质押品风险，保障了央行资产安全，更为人民银行货币政策操作及向中小金融机构提供流动性支持等方面提供了重要的支撑。

这解决了地方性法人金融机构债券类合格质押品相对不足的问题，缓解了人民银行向地方性法人金融机构提供流动性支持的制约，提升了货币政策操作的灵活性；地方性法人金融机构通过信贷资产质押再贷款，增加了其可用资金，有效扩大对当地“三农”、小微企业的信贷投放，降低企业的融资成本，为地方经济增长增添动力。

在推广过程中，人民银行聚焦评级质量控制，坚持结果应用导向，不断完善央行内部（企业）评级体系。2017年12月，人民银行发布《关于推广信贷资产质押和央行内部（企业）评级工作的通知》，决定向全国推广信贷资产质押和央行内部（企业）评级工作；2018年8月，印发《央行评级委员会非金融企业评级办公室工作指引》，明确了人民银行总行和分支机构非金融企业评级办公室的职责；2018年10月，发布《央行内部（企业）评级质量控制规范》，严格保证评级结果的客观、独立和科学性；2019年9月，发布《中国人民银行办公厅关于完善再贷款和常备借贷便利质押品管理的通知》，明确提出自2020年1月1日起，未经央行内部（企业）评级的信贷资产不再作为央行质押品，并根据质押品的信用等级和流动性，将经央行内部（企业）评级达标的企业贷款定为C类，质押率为60%~80%，进一步强化了质押品管理。同时，两次对央行内部（企业）评级系统进行升级改造，完善评级标准体系，切实保障央行内部（企业）评级的工作需要。

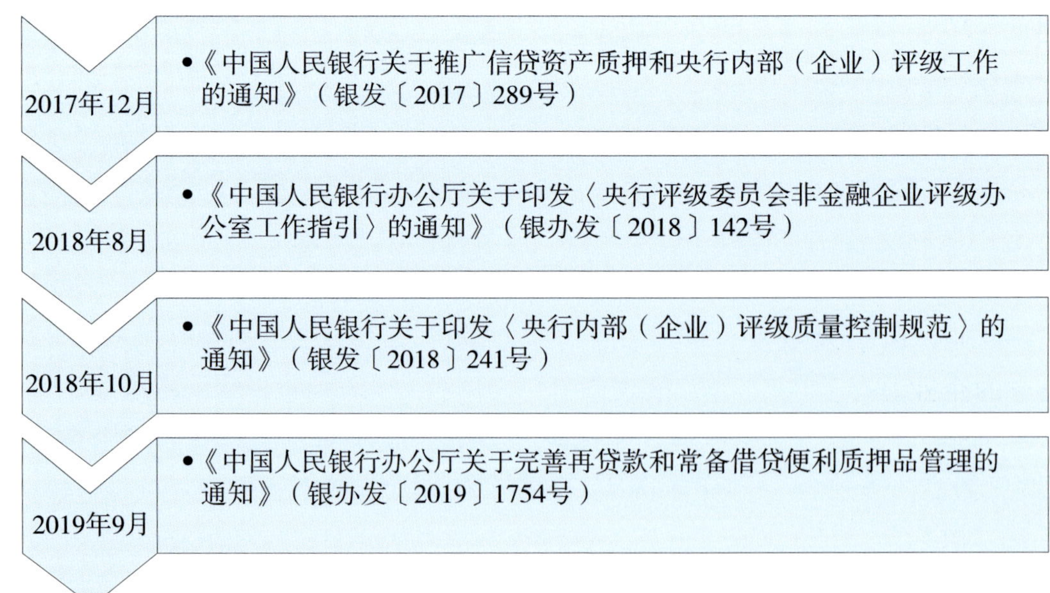


**图7　央行内部（企业）评级工作制度建设情况**

### （二）我国央行内部（企业）评级的优势

一是促进货币政策传导机制更为畅通。我国外部评级主要应用于债券发行领域，发行人一般为大中型企业。对于非金融小微企业，由于规模较小，其融资渠道有限，主要通过银行贷款满足自身融资需求，缺乏主动参与评级的积极性，同时较高的评级成本，也阻碍了外部评级向小微企业的覆盖。而地方性法人金融机构对小微企业的内部评级水平参差不齐。因此，我国央行内部（企业）评级的推广应用，更有利于提高小微企业的信息透明度，弥补地方性法人金融机构的内评短板，促进金融机构小微信贷的投放，提高货币政策传导效应。

二是评级方法框架体系更为科学。建立基于数据模型及数理统计的评级方法框架体系，是央行评级成熟度较高的欧洲央行的通用做法。相较于外部评级和金融机构内部评级，央行内部（企业）评级涉及的企业众多，丰富的评级数据能够从宏观、微观等多个层面为建立健全央行内部（企业）评级方法框架体系提供数据支撑，有利于提高评级指标的行业属性和企业群体的针对性，使评级方法更加科学、适用。

三是企业评价维度更为全面。在金融机构报送的企业基础资料和财务报表的基础上，央行内部（企业）评级进一步扩大了信息采集范围，企业评价维度更为全面、丰富，有利于提升评级的权威性。例如，从企业征信系统采集企业信贷违约记录、企业担保信息及各类负面记录，通过政府部门官网采集企业工商登记信息、税收重大违法案件信息、法院被执行信息、失信被执行人信息、环境信用评价信息、债券违约信息、行政处罚信息等负面信息，通过互联网渠道采集宏观经济数据、行业运行数据、企业外部评级结果、外部评级调整事项及其他公共负面信息等。

四是企业评级结果更为客观。央行内部（企业）评级是为维护人民银行资产安全和防范交易对手风险而采取的必要手段。从操作层面来看，相较于外部评级和金融机构内部评级，央行内部（企业）评级与金融机构、评级企业之间不存在任何利益关系，评级结果能够更为客观地反映企业的实际经营状况。

## 三、我国央行内部（企业）评级工作成效

### （一）切实保障央行资产安全

央行内部（企业）评级是开展信贷资产质押的基础，通过对信贷资产进行公允的价值评估，不仅为地方性法人金融机构借用央行资金提供了充足的合格质押品，而且减少了对外部评级的依赖，有效防范质押品风险。截至2019年12月末，央行内部（企业）评级系统累计上传企业超过17万家，达到可接受级（含）以上的企业累计有8.7万户，评级企业通过率稳步上升（见表4和图8），参评企业整体素质不断提高，切实保障了央行资产安全。

| 表4　央行内部（企业）评级系统报数及评级通过率 | | | | | | |
|---|---|---|---|---|---|---|
| 项目 | 2015年 | 2016年 | 2017年 | 2018年 | 2019年 | 合计 |
| 系统报数企业数量（家） | 5112 | 66777 | 18942 | 31613 | 47708 | 170152 |
| 当年度定级企业数量（家） | 3022 | 30880 | 39742 | 23716 | 35871 | 133231 |
| 可接受级（含）以上企业数量（家） | 1736 | 19177 | 24641 | 14957 | 26447 | 86958 |
| 评级通过率（%） | 57.45 | 62.10 | 62.00 | 63.07 | 73.73 | 65.27 |

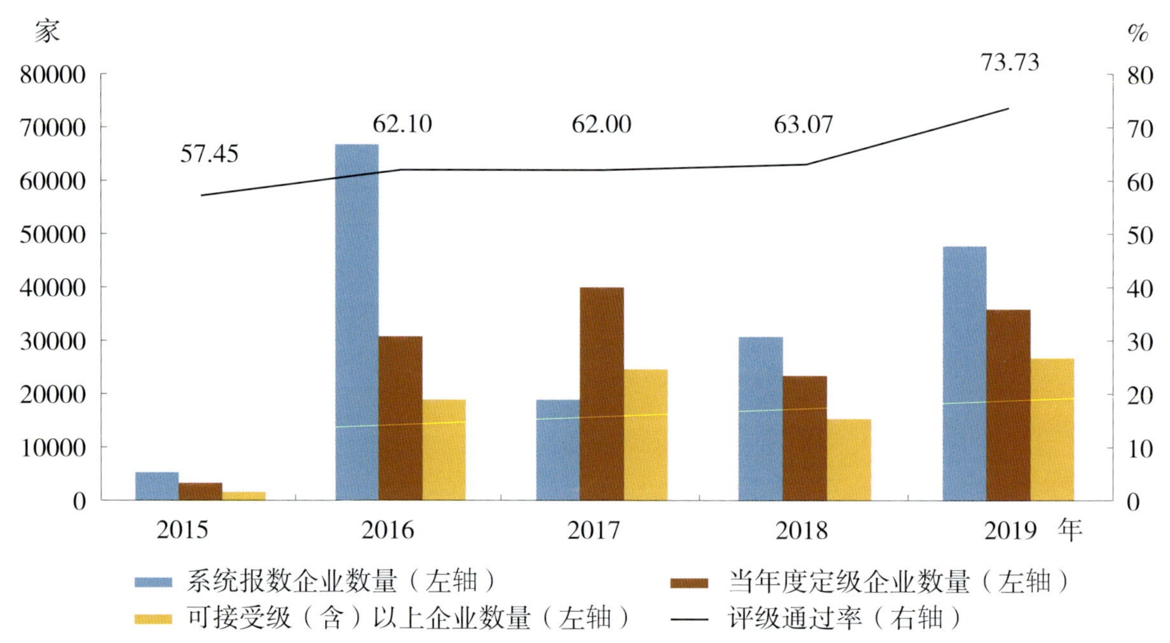


图8　央行内部（企业）评级系统报数及评级通过率趋势

### （二）有效助力解决小微企业融资难题

人民银行明确提出优先接受小微企业贷款、绿色贷款作为信贷资产质押品，在此基础上，充分发挥央行内部（企业）评级工作支农惠小的引导性作用，引导金融机构充分运用信贷资产质押再贷款支持小微企业发展。截至2019年12月末，累计共有13.32万家企业定级，其中，79.96%为小微企业。小微企业占比从2015年的61.61%提高到2019年的83.61%（见表5），呈现出小微企业“总量多增、占比提高”的良好趋势（见图9），金融机构运用信贷资产质押再贷款向小微企业信贷投放的意愿显著增强，有效释放政策红利，助力解决小微企业融资难题。

表5　评级企业规模分布情况

| 企业规模 | 2019年 | | | 历史累计 | | |
|---|---|---|---|---|---|---|
| | 企业数量（家） | 占比（%） | 通过率（%） | 企业数量（家） | 占比（%） | 通过率（%） |
| 大型 | 1220 | 3.40 | 65.25 | 5961 | 4.47 | 55.46 |
| 中型 | 4661 | 12.99 | 74.75 | 20748 | 15.57 | 64.95 |
| 小型 | 22590 | 62.98 | 75.18 | 83266 | 62.50 | 66.67 |
| 微型 | 7400 | 20.63 | 70.04 | 23256 | 17.46 | 63.06 |
| 总计 | 35871 | 100.00 | 73.73 | 133231 | 100.00 | 65.27 |

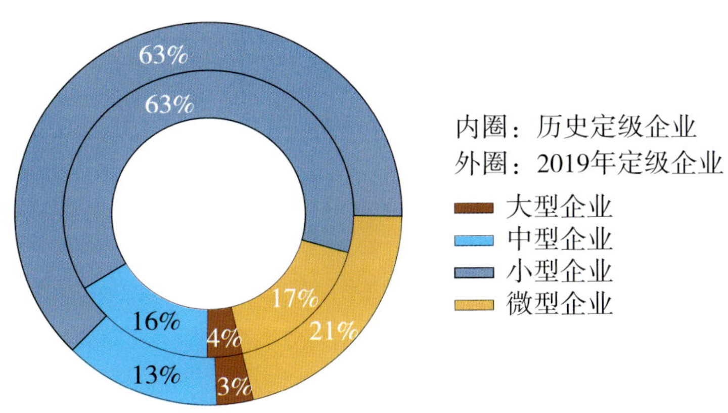


图9　评级企业规模分布情况

### （三）不断扩大货币政策工具覆盖面

自央行内部（企业）评级工作开展以来，参与央行内部（企业）评级的地方性法人金融机构数量不断增加。截至2019年12月末，央行内部（企业）评级系统累计已覆盖全国31个省（自治区、直辖市）的2429家金融机构，占全国银行业金融机构的52.94%。其中，机构类型以农村商业银行、城市商业银行、村镇银行、农村信用社为主，四类机构合计占比超过98%（见表6和图10），央行内部（企业）评级推动货币政策工具覆盖面不断扩大。

**表6　参与央行内部（企业）评级金融机构分布情况**

| 金融机构类型 | 2019年 | | | | 历史累计 | | | |
|---|---|---|---|---|---|---|---|---|
| | 企业数量（家） | 企业占比（%） | 机构数量（家） | 机构占比（%） | 企业数量（家） | 企业占比（%） | 机构数量（家） | 机构占比（%） |
| 农村商业银行 | 25248 | 52.92 | 692 | 43.47 | 95362 | 56.05 | 1035 | 42.61 |
| 城市商业银行 | 10179 | 21.34 | 82 | 5.15 | 31054 | 18.25 | 115 | 4.73 |
| 村镇银行 | 6946 | 14.56 | 451 | 28.33 | 25174 | 14.80 | 741 | 30.51 |
| 农村信用社 | 4726 | 9.91 | 335 | 21.04 | 16643 | 9.78 | 501 | 20.63 |
| 农村合作银行及其他金融机构 | 609 | 1.28 | 32 | 2.01 | 1919 | 1.13 | 37 | 1.52 |
| 总计 | 47708 | 100.00 | 1592 | 100.00 | 170152 | 100.00 | 2429 | 100.00 |

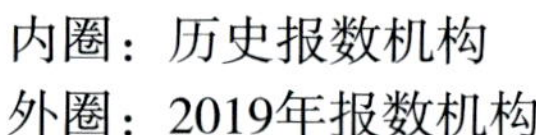


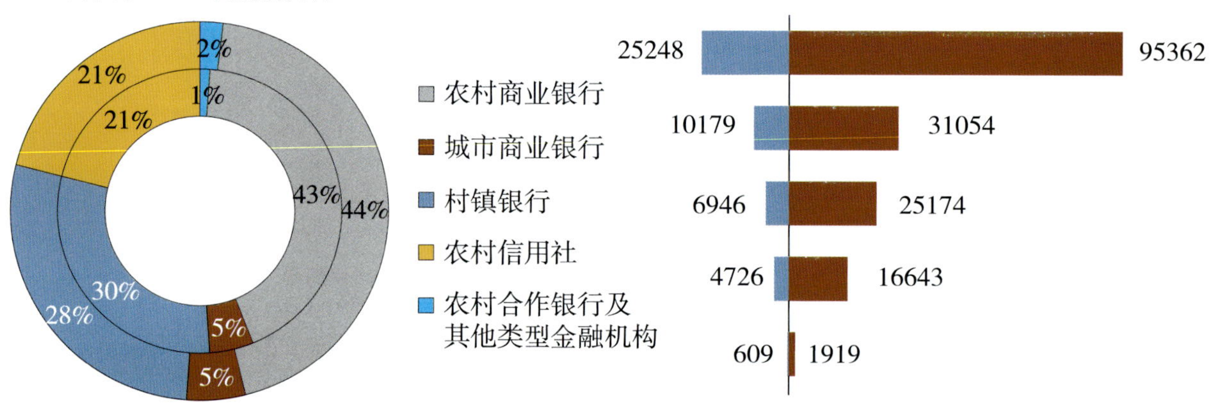


**图 10　参与央行内部（企业）评级金融机构分布情况**

## （四）有效缓解地方性法人金融机构流动性紧张

自2015年央行内部（企业）评级系统正式上线运行以来，金融机构积极申请通过信贷资产质押方式获得再贷款。截至2019年12月末，全国共发放信贷资产质押再贷款865笔，金额共计2481亿元（含常备借贷便利）（见表7和图11），信贷资产质押再贷款的笔数和金额均稳步增长，有效缓解了地方性法人金融机构流动性紧张的困境，增加了其可贷资金，进一步扩大了地方性法人金融机构对小微企业金融支持，有效改善了小微企业融资环境。

| 表7　信贷资产质押再贷款发放情况 | | |
|---|---|---|
| 年度 | 再贷款发放金额（亿元） | 再贷款发放笔数（笔） |
| 2015 | 48 | 26 |
| 2016 | 149 | 112 |
| 2017 | 345 | 254 |
| 2018 | 217 | 171 |
| 2019 | 1722 | 302 |

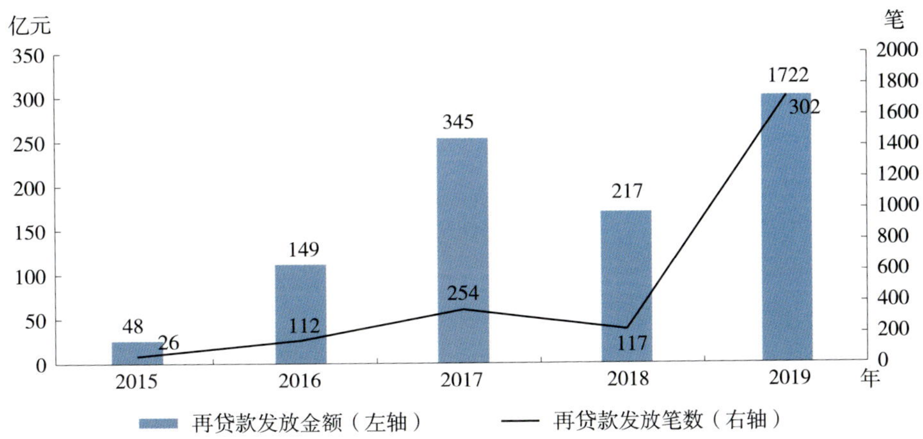


图 11　信贷资产质押再贷款发放情况

## 专栏五　我国央行内部（企业）评级工作质量检验

从央行内部评级结果的准确性和稳定性两个方面对我国央行内部（企业）评级工作进行质量检验。

从评级结果准确性检验结果看：呈现出企业信用等级与违约率的反向趋势，区分效果良好，但我国央行内部（企业）评级的整体违约率水平要高于法国央行。主要原因可能包括评级企业覆盖范围有所差别、违约率统计方法差异、金融机构报数质量有待提高以及我国评级方法体系中财务数据定量指标权重占比较高而对小微企业适用性不强等。

从评级结果稳定性检验结果看：央行内部（企业）评级结果的稳定性较好，且呈现上升的趋势，2017—2018年评级结果绝对稳定比率和相对稳定比率均接近法国央行的检验结果。

评级质量的准确性检验。该项检验的数据范围为2016年和2017年已定级企业，对应的违约检验期为2017年和2018年。本专栏违约率检验展示一年期、两年期违约率的历史检验情况，分级别违约率情况分别如表8和表9所示。

| 表8　2016年、2017年定级企业一年期违约率分布情况 | | | | | | | |
|---|---|---|---|---|---|---|---|
| 企业等级 | 2016年 | | | 2017年 | | | 违约率均值（%） |
| | 定级企业数量（家） | 违约企业数量（家） | 违约率（%） | 定级企业数量（家） | 违约企业数量（家） | 违约率（%） | |
| 优秀 | 7 | 0 | 0.00 | 3 | 0 | 0.00 | 0.00 |
| 很好 | 1045 | 33 | 3.16 | 273 | 7 | 2.56 | 2.86 |
| 好 | 4801 | 184 | 3.83 | 1363 | 49 | 3.60 | 3.72 |
| 正常 | 18681 | 788 | 4.22 | 5106 | 248 | 4.86 | 4.54 |
| 可接受 | 10659 | 606 | 5.69 | 2762 | 138 | 5.00 | 5.35 |
| 一般 | 11706 | 1111 | 9.49 | 3560 | 243 | 6.83 | 8.16 |
| 弱 | 4813 | 311 | 6.46 | 1548 | 101 | 6.52 | 6.49 |
| 有偿付风险 | 3557 | 454 | 12.76 | 1311 | 336 | 25.63 | 19.20 |
| 问题严重 | 719 | 63 | 8.76 | 232 | 26 | 11.21 | 9.99 |
| 濒临破产 | 394 | 46 | 11.68 | 100 | 11 | 11.00 | 11.34 |
| 合计 | 56382 | 3596 | 6.38 | 16258 | 1159 | 7.13 | 6.76 |

| 表9　2016年定级企业两年期累计违约率分布情况 | | |
|---|---|---|
| 企业等级 | 累计违约企业数量（家） | 累计违约率（%） |
| 优秀 | 0 | 0.00 |
| 很好 | 61 | 5.84 |
| 好 | 399 | 8.31 |
| 正常 | 1635 | 8.75 |
| 可接受 | 1196 | 11.22 |
| 一般 | 1820 | 15.55 |
| 弱 | 484 | 10.06 |
| 有偿付风险 | 649 | 18.25 |
| 问题严重 | 91 | 12.66 |
| 濒临破产 | 67 | 17.01 |
| 合计 | 6402 | 11.35 |

从违约率数据可以看出，2016年和2017年定级企业的一年期违约率以及2016年定级的两年期违约率基本符合等级越低违约率越高的趋势。

法国央行近10年的评级结果一年期违约率如表10所示。

**表10　2008—2017年法国央行评级一年期违约率**

单位：%

| 等级 | 2008年 | 2009年 | 2010年 | 2011年 | 2012年 | 2013年 | 2014年 | 2015年 | 2016年 | 2017年 | 平均 |
|---|---|---|---|---|---|---|---|---|---|---|---|
| 3++ | 0.02 | 0.01 | 0.01 | 0.01 | 0.00 | 0.02 | 0.00 | 0.01 | 0.04 | 0.00 | 0.01 |
| 3+ | 0.03 | 0.07 | 0.04 | 0.03 | 0.04 | 0.03 | 0.01 | 0.02 | 0.00 | 0.01 | 0.03 |
| 3 | 0.05 | 0.14 | 0.04 | 0.03 | 0.05 | 0.04 | 0.05 | 0.04 | 0.09 | 0.02 | 0.06 |
| 4+ | 0.41 | 0.54 | 0.30 | 0.19 | 0.21 | 0.16 | 0.10 | 0.11 | 0.07 | 0.07 | 0.22 |
| 4 | 1.17 | 1.51 | 1.07 | 0.96 | 0.82 | 0.77 | 0.61 | 0.44 | 0.37 | 0.28 | 0.80 |
| 5+ | 1.74 | 2.43 | 1.99 | 1.80 | 1.70 | 1.75 | 1.55 | 1.41 | 1.13 | 0.97 | 1.65 |
| 5 | 4.32 | 5.59 | 5.28 | 4.64 | 4.90 | 4.43 | 4.35 | 4.33 | 3.36 | 3.02 | 4.42 |
| 6 | 5.16 | 6.51 | 4.85 | 4.72 | 4.57 | 6.39 | 7.19 | 6.88 | 5.78 | 5.77 | 5.78 |
| 7 | — | — | — | — | 19.77 | 18.97 | 18.26 | 17.56 | 16.02 | 15.29 | 17.65 |
| 8 | 45.70 | 38.03 | 38.47 | 34.49 | 34.79 | 35.81 | 32.42 | 30.65 | 30.08 | 29.02 | 34.95 |
| 总体 | 1.47 | 1.83 | 1.58 | 1.46 | 1.71 | 1.85 | 1.67 | 1.46 | 1.24 | 1.10 | 1.54 |

数据来源：法国央行官网发布的《2017年评级质量检验报告》。

从违约率数据对比情况看，我国央行内部（企业）评级的整体违约率水平要高于法国央行。

评级质量的稳定性检验。一年期稳定性检验以连续两年参评的定级企业为数据基础；对多年期稳定性检验，考虑到连续三年的参评企业数量有限，故以期初和期末均已定级的企业作为数据基础。本专栏中该项检验的数据范围为2016—2018年符合上述要求的定级企业。

我国央行内部（企业）评级一年期和两年期信用等级迁移矩阵分别如表11和表12所示。

**表11　2017—2018年一年期信用等级迁移矩阵**

单位：家

| 信用等级（2017年） | 信用等级（2018年） | | | | | | | | | | |
|---|---|---|---|---|---|---|---|---|---|---|---|
| | 优秀 | 很好 | 好 | 正常 | 可接受 | 一般 | 弱 | 有偿付风险 | 问题严重 | 濒临破产 | 合计 |
| 优秀 | | | | | | | | | | | |
| 很好 | | 11 | 7 | 1 | | | | | | | 19 |
| 好 | | 2 | 57 | 25 | | 1 | 1 | 6 | | | 92 |
| 正常 | | 1 | 17 | 250 | 39 | 14 | 1 | 15 | | 1 | 338 |
| 可接受 | | | 3 | 49 | 128 | 34 | 4 | 11 | | | 229 |
| 一般 | | | 1 | 36 | 37 | 135 | 21 | 11 | | 1 | 242 |
| 弱 | | | | 5 | 2 | 24 | 47 | 17 | | 1 | 96 |
| 有偿付风险 | | | 2 | 9 | 13 | 5 | 13 | 25 | 3 | 4 | 74 |
| 问题严重 | | | | | | 1 | 2 | 4 | 4 | 3 | 14 |
| 濒临破产 | | | | | 1 | 1 | 1 | | 1 | 2 | 6 |
| 合计 | | 14 | 87 | 375 | 220 | 215 | 90 | 89 | 8 | 12 | 1110 |

从表11可以看出，投资级大类中除“很好”外，其他等级稳定性均处于较高水平且大致接近。整体上看，高信用等级定级企业的相对稳定性较高。

**表12　2016—2018年两年期信用等级迁移矩阵**

单位：家

| 信用等级（2016年） | 信用等级（2018年） | | | | | | | | | | |
|---|---|---|---|---|---|---|---|---|---|---|---|
| | 优秀 | 很好 | 好 | 正常 | 可接受 | 一般 | 弱 | 有偿付风险 | 问题严重 | 濒临破产 | 合计 |
| 优秀 | | | | | | | | | | | |
| 很好 | | 16 | 10 | 13 | 2 | 1 | | 4 | | | 46 |
| 好 | | 12 | 65 | 84 | 20 | 17 | 5 | 14 | | | 217 |
| 正常 | | 14 | 110 | 511 | 169 | 111 | 21 | 84 | 1 | 2 | 1023 |
| 可接受 | | 3 | 32 | 206 | 146 | 80 | 38 | 36 | | 3 | 544 |
| 一般 | | 7 | 18 | 171 | 136 | 171 | 36 | 45 | 3 | 2 | 589 |
| 弱 | | 1 | 2 | 30 | 41 | 77 | 63 | 39 | 4 | 1 | 258 |
| 有偿付风险 | | 1 | 6 | 43 | 25 | 35 | 37 | 37 | 11 | 6 | 201 |
| 问题严重 | | | | 1 | 3 | 3 | 1 | 4 | 3 | 3 | 18 |
| 濒临破产 | | | 2 | 2 | 1 | 3 | 2 | 2 | 1 | | 13 |
| 合计 | | 54 | 245 | 1061 | 543 | 498 | 203 | 265 | 23 | 17 | 2909 |

从表12可以看出，相较于一年期，两年期的级别迁移情况较为分散，绝对稳定性和相对稳定性减弱，这符合评级检验的一般规律，但总体上仍保持了信用等级较高的企业等级稳定性要好于信用等级较低的企业。

2016—2018年评级结果稳定性指标如表13所示。

**表13　2016—2018年评级结果稳定性指标**

| 指标 | 2016—2017年 | 2017—2018年 | 2016—2018年 |
|---|---|---|---|
| 连续评级企业数量（家） | 6526 | 1110 | 2909 |
| 绝对稳定比率（%） | 45.16 | 59.37 | 34.79 |
| 相对稳定比率（%） | 78.75 | 86.04 | 69.68 |
| 级别上升比率（%） | 29.05 | 20.72 | 35.48 |
| 级别下降比率（%） | 25.79 | 19.91 | 29.73 |

对比法国央行评级结果一年期稳定性检验结果（见表14），可以看出，我国央行内部（企业）评级结果的稳定性较好，且呈现上升的趋势，2017—2018年评级结果绝对稳定比率和相对稳定比率均接近法国央行的检验结果。

**表14　法国央行评级结果稳定性指标**

单位：%

| 指标 | 2012年 | 2013年 | 2014年 | 2015年 | 2016年 | 2017年 |
|---|---|---|---|---|---|---|
| 绝对稳定比率 | 58.30 | 61.30 | 62.00 | 58.94 | 59.67 | 60.58 |
| 相对稳定比率 | 88.00 | 90.50 | 91.40 | 90.77 | 91.41 | 91.83 |
| 级别上升比率 | 19.60 | 16.30 | 18.20 | 20.36 | 21.22 | 22.92 |
| 级别下降比率 | 22.10 | 22.40 | 19.80 | 20.70 | 19.12 | 16.50 |

数据来源：法国央行官网发布的《2017年评级质量检验报告》。

2019

# 第五章　征信宣传教育与保护信息主体权益

一、着力构建“大宣传”工作格局，为征信业营造良好的社会氛围

二、主动正面宣传，扩大金融信用信息基础数据库的社会影响力

三、以人为本强化信息主体权益保护

2019年，征信宣传教育与保护信息主体权益工作以“不忘初心”“以人为本”为出发点，全面贯彻落实“不忘初心、牢记使命”主题教育精神，树立“以人为本”“征信为民”的理念，按照“协力合作、创新发展”的原则，发挥各级征信管理部门、金融机构、征信机构的作用，以“和谐、高效、便捷”为目标，恪尽职守，做好征信宣传、征信维权工作，在保护信息主体权益的基础上，强化征信宣传，更好地发挥征信支持小微、民营企业融资和人民追求美好生活的作用，推动建立社会信用体系。

## 一、着力构建“大宣传”工作格局，为征信业营造良好的社会氛围

一是借力国家级平台发声，提升征信工作的社会影响力。2019年6月14日，在国务院新闻办公室以征信体系建设为主题举办新闻发布活动，人民银行副行长朱鹤新、征信管理局局长万存知等出席活动，向媒体代表介绍我国征信体系发展情况，全面展示征信在防范和化解金融风险、缓解小微与民营企业融资难题、维护信息主体合法权益等方面的成效。上百家全国性媒体对活动情况进行了集中报道，引起了社会公众的广泛关注与讨论。

二是聚焦政策热点，部署开展“征信助力小微与民营企业融资发展”专题宣传活动。2019年，在全系统部署开展了“征信助力小微与民营企业融资发展”专题宣传活动，全面调动人民银行分支机构、金融机构、征信机构、信用评级机构及地方政府相关部门的积极性，通过信用知识普及、信用报告解读、信用培育修复、融资需求对接等活动，多措并举、多管齐下，助力解决小微与民营企业融资痛点。

三是倾听群众呼声，利用互联网创新开展征信宣传教育工作。针对老百姓普遍关注的征信热点问题，联合新华网制作了多期征信视频访谈节目，邀请征信管理局、金融信用信息基础数据库运行机构、金融机构相关负责同志进行正面解答，及时回应社会关切、提升公众信用意识。节目播出后，中央网信办作了全网推送，400余家媒体进行了转发推广，各终端总浏览量超过3000万次。

四是发挥新媒体优势，扩展征信宣传教育工作的覆盖面。为适应宣传工作网络化、智能化发展趋势，征信管理局联合腾讯新闻、金融时报社等媒体，借力“两端一微”（手机端、客户端和微信）等新型传播媒介，开展征信知识普及、信用报告解读、失信惩戒案例推送、征信权益维护等活动，实现征信宣传教育工作增点扩面、提质增效，进一步提升社会信用意识。

五是强化互联网站管理，打造网络征信宣传主阵地。按照网络信息发布流程规定，2019年共发布信息12篇；同时，对历年子网站发布信息进行全面梳理，及时更新超期信息，删除废止法律法规规范性文件等，强化子网站维护与管理。

据统计，2019年，全国31个省（自治区、直辖市）人民银行征信部门牵头，联合7200多个地方政府部门，16万多家金融机构（及其分支机构）、240多家评级机构（及其分支机构）组织或参与，3600多家媒体参与报道，举办宣传活动（有奖问答等）12万多次、开展千户万企纾困活动200多万户次，发放宣传页、册等宣传资料2100多万份，累计参加人数近2700万人次，征信宣传力度不断扩大，公众征信意识逐步提升。

## 专栏六　“征信助力小微与民营企业融资发展”专题宣传

结合党中央、国务院关于促进小微企业、民营企业发展的精神，结合人民银行工作部署，在全国范围内开展以“征信服务小微与民营企业融资发展”为主题的征信专题宣传活动，以“征信赋能，普惠小微”“打造信用名片，创造企业财富”“信用建设，让更多小微与民营企业获益”为宣传口号，结合金融信用信息基础数据库建设、中小企业和农村信用体系建设、动产融资统一登记公示系统、应收账款融资服务平台等，调动人民银行分支机构、金融机构、征信机构、信用评级机构及地方政府相关部门的积极性，全方位宣传和展示征信体系建设以及企业信用培育、信用救助、信用促进等措施，在帮助企业建立信用档案、帮助金融机构客观评估信用风险、减少对担保抵押品的依赖、缓解银企信息不对称，进而促进小微企业、民营企业融资发展中所发挥的重要作用，大力宣传和展示人民银行以征信体系建设为依托，支持小微企业、民营企业融资发展的主要经验与成效。

2019年5月21日，“征信服务小微与民营企业融资发展”全国专题宣传活动启动仪式在武汉成功举办，为此次全国活动拉开了序幕。人民银行征信管理局副局长李斌出席启动仪式并致辞，武汉市政府相关负责同志、人民银行武汉分行主要负责同志、10余家商业银行和150余家企业代表等参加了此次活动。来自全国及地方数十家媒体对活动进行了集中报道，在全社会引起了极大反响，营造出浓厚的宣传氛围。

## 二、主动正面宣传，扩大金融信用信息基础数据库的社会影响力

2019年，随着社会信用体系建设的不断深化，信息主体信用意识显著提升，社会各界对于国家金融信用信息基础数据库信用报告的关注度不断提高。作为该数据库的运维机构，人民银行征信中心立足金融、服务社会，切实履行社会责任，主动开展征信宣传，扩大征信系统社会影响力。

一是多措并举开展正面宣传。运用“征信小助手”微信公众号持续发布信息，及时回应社会公众关注的征信热点。截至2019年11月末，“征信小助手”微信公众号关注人数近400万人，共发布信息235期。按期发布《中国征信》内刊及微杂志，充分发挥征信系统建设、应用交流平台作用。截至2019年11月末，《中国征信》共刊出113期，有效触达读者4万余人。响应国家金融服务民营企业政策，加大融资担保公司接入征信系统专项宣传力度，引导符合条件的融资担保公司合规接入征信系统。

二是灵活运用社会公众喜闻乐见的宣传形式，普及征信服务宣传。与总行办公厅联合开展“您身边的征信服务”主题宣传，与腾讯合作策划征信图解作品，通过人民银行官方微信公众号发布《征信问答TOP10》，获得10万次以上的阅读量，并在腾讯平台、“中国政府网”微信公众号等新媒体广泛传播，备受好评。2019年征信中心连续第七年参加“中国国际金融展”，全面展示征信中心发展成果，通过现场演示、亲身体验、当场互动的形式，拉近了社会公众与征信服务的距离。借助两会、“6·14信用记录关爱日”等重要时点开展宣传，接地气、聚人气，广泛传播征信服务知识。

## 三、以人为本强化信息主体权益保护

人民银行以维护信息主体合法权益为出发点，主动作为，加大征信维权工作力度，不断提高群众信访和征信投诉的便捷性和实效性。

一是积极受理各种渠道转来的群众投诉及信访件。截至2019年12月末，人民银行征信管理局共受理征信信访件22件，接待征信信访人1人，收到群众表扬信2封，行领导正面肯定批示2次，较好地解决了征信信访人的疑惑与合理诉求。主动配合并督促分支行做好投诉诉讼的受理和应对工作，协调异地投诉的办理，进行政策咨询及解析，截至2019年12月末，人民银行共受理征信投诉件128件，按期办结率100%，处理征信诉讼9件。

二是深入调研，发挥事前事中预警能力。征信投诉反映了征信业务开展中存在的问题，加强相关问题研究，对于有效提升事中事前监管的针对性具有重要作用。人民银行征信管理局开展全国征信投诉调研工作，梳理2014—2018年全国征信维权工作情况，其中人民银行党委书记郭树清在《中国人民银行关于非银行金融机构征信投诉相关问题的调研报告》上批示“这份报告很及时，很重要”。

三是加强交流，建立监管合作机制。与银保监会、征信中心加强沟通配合，2019年就非银行金融接入机构征信投诉事宜召开座谈会，开展联合执法检查，建立信息共享机制，定期交流非银行金融机构投诉受理相关工作信息，协同促进非银行金融机构的规范运营。

升级征信监测系统维权子系统，搭建覆盖征信投诉全流程的受理、转办、督查、预警一体化的系统，完善文书打印、操作预警等功能，为切实提升征信维权工作质量夯实基础工作平台。

建立案例交流共享机制，编订《征信维权典型案例汇编2019》，共收录典型案例92篇。

### 专栏七 维权案例

2019年4月，人民银行征信管理局收到派驻纪检组转来电话信访举报材料，举报人王先生称某银行未经其本人同意办理信用卡并出现逾期，希望尽快删除个人信用报告上的相关信息。

收到信访材料当天，征信管理局工作人员电话联系举报人，询问其信访举报内容并了解到其为四川省某市一名现役军人，随后根据属地管理原则，转请人民银行成都分行办理此事项。

经与某银行业务所在地分行确认，举报人投诉内容属实，且此分行已将需更正信息提请征信中心进行变更，人民银行投诉人所在地支行征信工作人员再次致电投诉人，共同商讨投诉事项处理安排，邀请投诉人到人民银行当地分支机构查询并确认个人信用报告是否更新。

4月29日，投诉人查询个人信用报告，信用报告显示本次投诉事项已办理完毕，人民银行投诉人所在地支行工作人员向投诉人说明了征信信息数据增删报文和数据库加载需要一定时间等事宜，投诉人对处理结果表示十分满意，并在说明书上签字确认。

结合本次投诉事件，人民银行某中支联合辖内县支行积极联系当地县委宣传部、退役军人事务局，于4月24日在投诉人所在解放军某部开展了一场以“珍爱信用记录 享受幸福人生”为主题的宣讲活动，得到了该部全体官兵的认可。

2019

# 第六章　社会诚信建设

一、社会信用体系建设

二、农村信用体系建设

三、中小微企业信用体系建设

人民银行会同国家发展改革委，贯彻落实《社会信用体系建设规划纲要（2014—2020年）》，更好地发挥政府的作用，促进社会诚信建设。同时，发挥征信服务于民、助力实体经济发展的作用，以征信促进农户、小微企业融资发展，积极推进农村信用体系和中小微企业信用体系建设。

## 一、社会信用体系建设

在党中央、国务院的领导下，人民银行协同国家发展改革委，切实履行社会信用体系建设部际联席会议双牵头职责，会同部际联席会议各成员单位，扎实推进社会信用体系建设，取得了积极进展。

一是不断完善社会信用体系建设部际联席会议制度，构建守信激励和失信惩戒机制。目前部际联席会议成员单位增加至40余家，广泛覆盖了党、政、群、团等机关单位。国家发展改革委、人民银行牵头各成员单位签署了50余个联合奖惩合作备忘录，涵盖了税收、失信被执行人、安全生产、环境保护、食品药品、涉金融、交通运输工程建设等领域。

二是政府部门间信息共享取得积极进展。人民银行配合国家发展改革委建设全国公共信用信息共享平台，主要归集各地方、各部门掌握的政务公共信用信息和司法信息，目前已联通近50个部门、所有省区市，归集各类公共信用信息约600亿条，在中央和省级地方政府部门基本实现了共享、交换和应用。

三是信用监管框架基本确立。2019年7月，国务院办公厅印发《关于加快推进社会信用体系建设　构建以信用为基础的新型监管机制的指导意见》，构建了贯穿市场主体事前、事中、事后全生命周期的信用监管机制，推动信用分级分类监管，通过加大失信成本引导市场主体守信践约。

四是农村信用体系建设和中小微企业信用体系建设是社会信用体系建设的重要组成部分，是《社会信用体系建设规划纲要（2014—2020年）》中的两个专项工程。多年来，人民银行借助信用体系建设工作机制和征信的理念，不断深化农村信用体系建设和中小微企业信用体系建设，通过缓解信息不对称帮助有信用的农户和中小微企业获得融资，有效助力脱贫攻坚和乡村振兴战略的实施以及小微企业和民营经济发展。

随着社会信用体系建设的逐步深入，涉及各类主体的范围日益宽广，调整利益更为深刻，社会各界对之提出了很多见解和认识，有时还存在一些质疑的声音。特别是由于各方对信用信息的理解存在较大差异，相关法律法规未明确界定信用信息定义，部分地方和领域的信用信息记录、“黑名单”认定和失信联合惩戒出现随意扩大、泛化倾向。针对上述问题，按照国务院部署，人民银行正在协同国家发展改革委，制定公共信用信息纳入范围、失信行为记录、失信惩戒和信用修复的规范文件，明确政府部门开展失信惩戒，必须有明确的法律、法规依据，并严格限定在严重危害人民群众身体健康和生命安全、严重破坏市场公平竞争秩序和社会正常秩序、拒不履行法定义务且严重影响司法行政机关公信力、拒不履行国防义务四个领域。下一步，将积极推动规范文件出台，不断完善失信惩戒和信用修复机制，依法依规推动社会信用体系建设。

## 二、农村信用体系建设

人民银行贯彻落实党中央、国务院关于农村工作的总要求，按照金融支持农村发展的工作部署，结合各地实际，不断探索实践，稳步推进农村信用体系建设向纵深发展。

### （一）整体部署推进，构建部门共建长效机制

按照"政府领导、人行推进、多方参与、共同受益"的思路，统筹安排、协调推进农村信用体系建设。在政府层面，推动地方政府将农村信用体系建设纳入当地政府重点工作或列为专项工程重点推进，联合多部门成立农村信用体系建设领导小组，从省级、市级层面出台相关实施方案和制度办法，制定配套政策细化分解工作任务，争取地方财政资金支持，建立工作督导和考核机制，保障相关工作有序推进；在金融机构层面，引导金融机构参与农村信用体系建设，加大农村金融产品和服务方式创新力度。

### （二）搭建信息平台，实现数据采集信息共享

结合地方实际，以2015年11月人民银行印发的《农户信用信息指标》为指引和参考，开发建设农村信用信息服务平台，通过对农户信用信息的采集、整理、评价，推动农村信用信息在地方政府、涉农金融机构间共享。截至2019年末，全国共建设有农户信用信息系统271个，其中省级系统27个、地市级系统40个、县级系统204个；人民银行主导建立系统116个，地方政府主导建立系统119个。各地建设的系统采集数据类型多为农户基本信息、生产经营信息、生产资料信息、缴费信息等。

### （三）开展信用评价，形成信用培育示范效应

充分发挥地方政府及各相关部门、金融机构、中介机构的力量，大力推进信用户、信用村、信用乡（镇）"三信"工程的评定与创建，以农户、新型农业经营主体等经济主体的信用信息为基础，将道德品质、尊老爱幼等农户行为信息纳入评价，建立、完善适合农户等经济主体的信用评价机制；将村委班子和谐、贷款户诚实守信、无赖债逃债行为等列为信用村评价标准，部分地区将自然村的整体信贷规模、农业贷款逾期率和不良率，以及民间借贷、上级政府考核结果等作为评价指标，健全适合当地特点的指标体系和信用评定制度。同时强化评价结果的应用，信用户、村、镇享有在授信额度、贷款利率、贷款手续、支农（扶贫）再贷款等金融服务方面的政策倾斜。充分发挥信用户、信用村、信用乡（镇）的示范带动效应，带动更多农村经济主体主动守信，营造诚实守信的良好信用环境。截至2019年末，全国共

为1.86亿户农户建立信用档案，其中开展信用评定的农户为1.22亿户。

### （四）丰富成果运用，改善农村地区金融服务

推动地方政府出台与金融服务、信用体系建设相配套的资金支持、补助、税收减免等优惠政策措施，在乡村综合治理、精准扶贫方面予以政策帮扶。对信用户采取降低准入门槛、弱化抵押担保、实施利率优惠等政策。对信用乡（镇）、信用村实行优先支持、整体授信、批量作业、整体管理，简化流程，通过“三信”创建产生辐射效应。对信用村的贫困户，政府部门设立担保金或政府风险补偿金，从配套资金、监督管理等方面对金融扶贫工作给予协同支持。鼓励农村地区金融机构增加对“三农”的信贷支持，对“三信”创建结果在融资额度和贷款利率等方面予以倾斜；积极推动农户、农企信用评价结果在信用联合奖惩领域的应用，推动建立健全信用约束机制。截至2019年末，累计有9500万余农户获得银行贷款，贷款余额为4.16万亿元。

### （五）强化宣传教育，优化改善农村信用环境

联合地方政府、社团组织、金融机构等各方力量组成金融宣传力量，结合乡风文明建设、国民教育、普惠金融宣传等工作，深入田间地头开展以农村信用体系建设为内容的信用知识宣传；创建片区联动模式，开展“送征信知识下乡”活动，通过设立金融小课堂、金融夜校等多种形式，提高农村经济主体对金融产品与服务的认识，增强农村经济主体的信用意识和风险意识，积极营造“守信光荣 失信可耻”的良好社会氛围，改善农村地区信用环境。

#### 专栏八　农村信用体系建设创新模式介绍

**黑龙江：依托县域信用信息系统和省农业大数据管理中心深入推动农村信用体系建设**

近年来，黑龙江省克山县作为农村信用体系建设试验区，将农村信用体系建设与乡村振兴战略相结合，在制度建设、信用信息系统优化、金融创新成果应用等方面持续发力，创建了“农户+新型农村经营主体+中小微企业”三位一体的县域信用信息共享平台，构建了“信息采集+信用评价+信贷投放+社会应用”四位一体的新型农村金融服务模式。特别是依托省农业大数据管理中心，搭建了一套动态、立体式的以市场需求为导向的智能化信用评价体系，实现对农户和农村生产经营主体的精准画像，为各类金融机构涉农服务提供有力的信息支撑，有效降低了大型国有商业银行下沉服务的成本，形成了农村信用体系建设“克山模式”，为农村信用体系建设发展注入了新活力。

### 山东：推动农村信用体系建设与社会综合治理融合发展

山东省寿光市以文明信用创建为抓手，联合地方政府，充分发挥地方金融机构的作用，选取崔岭西村试点开展“文明信用”工程建设，通过广泛宣传、志愿服务进社区、金融知识进万家、“文明信用工程大讲堂”、文明信用户评定等多种措施，引领乡村文明建设。推动寿光农商银行充分运用“文明信用户”评定结果，立足乡村文明和家庭信用，推出党员先锋贷、巾帼居家创业贷、拥军贷、敬老贷、好家风模范贷等特色贷款，帮助农民凭借个人信用解决贷款难题；实施“文明信用”工程，落实普惠金融惠民政策，落实“一次办好”的服务理念，便捷村民贷款办理，提高服务效率，提升农民信用意识，营造良好社会氛围，在助力乡村振兴中取得了良好成效。

### 山西：探索信息采集、“三信”评定与推广运用建设新模式

山西省运城市结合当地实际出台了13个县（市、区）信用户、信用村、信用乡（镇）创建试行方案，从农户基本情况、信用状况、思想品德、守法情况等八个方面，选取了28项反映农户信用情况的参数，加入农户治安处罚、严重交通违规、法院执行、政府表彰、社会荣誉等农村综合治理信息，建立评级授信模型开展“三信”评定，确立“整体批发、集中授信”工作方案。人民银行各县（市）分支机构积极指导涉农金融机构组织人员成立信息采集小组，运用手机APP进村入户现场逐项录入信用信息，手机APP采集数据后，实时显示评级结果。按行政村由村民选举产生村级评级授信小组，负责本村信用户初评，从而实现信用评分项的动态更新，大大降低了信用贷款的风险。截至2019年末，共评定信用户33.86万户、信用村 453 个、信用乡11 个，共为信用户授信104 亿元，发放贷款72 亿元，不良贷款率明显下降。

## 三、中小微企业信用体系建设

中小微企业信用体系建设工作始于2006年，当时根据人民银行总行统一部署，人民银行各分支机构集中建立中小企业信用档案库，并开展信用培植、融资对接等工作。2014年以来，中小微企业信用体系建设工作的内涵不断丰富，逐步形成了三个层次的建设方向：一是汇集多方力量，推动各地搭建中小微企业信用信息系统，以此为基础开展信用建设。二是遴选部分条件较好的地方引入市场化机制，推动整合地方政府部门及公用事业数据，将信息系统转化为地方征信平台。三是充分发挥市场化征信机构的作用，提供高质量的中小微企业征信服务。

### （一）推动地方搭建中小微企业信用信息系统，以此为依托推进信用体系建设下沉落地

人民银行各级分支机构按照“政府主导、人行牵头、各方参与、服务社会”的工作思路，因地制宜，在保护信息安全的前提

下，建立多层次中小微企业信用信息系统。截至2019年末，全国共建设中小微企业信用信息系统203个，其中省级系统24个、地市级系统144个、县级系统35个；人民银行主导建立系统66个，地方政府主导建立118个。各地建设的系统采集数据类型多为企业登记注册信息、政务信息、公用事业信息等非银行信贷数据，主要对外提供信用报告、信用状况分析等服务。近年来，随着各级政府信息公开和共享程度不断提升，各类中小微企业信息平台采集或共享的公开数据已基本覆盖当地的中小微企业。

人民银行各级分支机构以各中小微企业信用信息系统为依托，开展信用信息征集、信用评价和守信企业评选、信用培育、网上融资对接等活动；推动地方政府部门等制定以信用为基础的激励政策，在资金、技术服务、保险等方面给予支持；引导金融机构创新金融产品与服务，根据信用评定等级确定贷款额度和利率水平，降低中小微企业融资成本，发放免抵押、免担保的信用贷款，减轻融资负担。

### （二）聚焦非信贷替代数据，持续推进市场化地方征信平台建设

为解决小微企业融资中的信息不对称问题，针对小微企业基本信息分散在地方政府部门这一特点，人民银行推动建设市场化地方征信平台，利用非信贷替代数据，为缺乏借贷记录的小微企业获得正规金融服务提供数据服务和信用助力。近年来，相继探索出征信服务小微企业融资的“台州模式”（政府主导+市场应用）和“苏州模式”（政府推动+市场主导），并在全国复制推广。推动各地整合工商、税务、环保、水电缴费、市场监管、社保、海关等数据，高质量、高标准建设地方征信平台，努力满足各银行机构获取中小微企业信息的需求，实现地方政府数据有效使用、金融机构信贷稳步增长、小微企业生产经营稳步扩大的良好局面。

### （三）充分发挥市场化企业征信机构作用，多渠道改善小微企业征信服务

人民银行积极引导企业征信机构探索利用非信贷替代数据，运用人工智能、区块链、云计算、大数据等互联网信息技术，打造贴合实际、形式多样的服务小微企业融资的征信产品，助力信用良好的小微企业降低融资成本、提高融资效率。为进一步发挥备案企业征信机构服务小微企业融资的主观能动性，从征信供给侧改善小微企业融资水平，人民银行选取了7家有能力的市场化备案企业征信机构，对其服务小微企业融资情况进行了持续监测。监测反映，截至2019年末，7家监测机构通过其征信平台累计帮助707.13万户小微企业向金融机构申请贷款，其中161.77万户小微企业获得贷款，获贷率为22.88%；小微企业累计获得融资9249.81亿元，其中信用贷款3012.35亿元，平均贷款利率为6.87%，贷款不良率为1.15%。

通过上述多层次的中小微企业信用体系建设，小微企业因信息不对称不为人知、不为人信的难题得到了有效缓解，小微企业融资受益面和可得性大幅提升。截至2019年末，累计有400万余户小微企业获得银行贷款，贷款余额近40万亿元。

## 专栏九　中小微企业信用体系建设特色模式介绍

### 广东：以“非负债替代数据”缓解银企信息不对称问题

人民银行佛山市中心支行以“非负债替代数据”的共享和应用为重点，多措并举，深入推动辖内中小微企业信用体系建设。一是通过加强与地方政府部门联动，融合聚集政府部门间的“非负债替代数据”，推动平台数据库建设，完善信息共享机制；二是推动当地政府以政策引导、项目对接、信息服务、信用增进、资金支持等方式，为中小微企业提供完善的信用增进服务；三是不断提升平台服务水平，提升银企融资对接效率，帮助守信企业在融资服务中得到更多便利和优惠；四是充分利用网络技术提高数据质量，有效解决信息不对称问题。平台的应用大大激活了政务信用信息活力，有效助力解决中小微企业融资难题，提升了企业信用意识，促进了社会诚信建设。截至2019年末，平台共计收录了16个佛山市政府部门的2100多万条政务信息，36家银行加入该对接平台。通过该平台，绝大部分金融机构最快可在5个工作日内完成信贷流程，可节约40%左右的时间。

### 陕西：创新打造“园区+市场化”信用金融服务新模式

人民银行西安分行联合省自贸办，创新打造以“园区+市场化”为依托的信用金融服务新模式。通过制定完善信用金融服务配套措施、建立常态化联席会议制度及定期沟通机制、搭建高新区信用与金融服务平台，提供全方位的信用与金融服务，实现了企业互联网信用评价新模式，从而有效破解了银企信息不对称难题，为园区经济发展作出了积极贡献。截至2019年末，高新区信用与金融服务平台已收录全省200余万家市场运营主体工商登记基本信息；高新区内近1.7万家企业的金融、财务、工商、环保、社保、税收及国土等20余类深度信用信息，建设银行、平安银行、华夏银行、长安银行、招商银行、渣打银行等23家金融机构已与该平台对接，企业信用信息累计查询量已突破248万次，日均查询量1500余次。

### 青海：以开展信用评级工作为突破口推动中小微信用体系建设

人民银行海北州中心支行积极协调政府部门、金融机构和中小微企业，以开展信用评级工作为突破口，在中小企业信用体系建设方面进行了积极的探索和实践，通过有资质的专业评级公司开展对海北州中小企业评级，借助海北州中小微企业信用信息平台和融资担保平台开展评级结果的应用，开创了“多部门联合筛查、市场化信用评级、政府购买服务、分类实施优化政策”的海北模式，既有效缓解了中小微企业的融资难题，又为今后评级市场的长足发展奠定了基石。

2019

# 第七章　中国征信业发展展望

一、中国征信业发展新形势

二、中国征信业发展任务与展望

三、扎实开展征信基础研究，把理论研究转化为实践成果，为征信管理工作提供决策支持

## 一、中国征信业发展新形势

近年来，人民银行深入学习贯彻习近平新时代中国特色社会主义思想，认真落实党中央、国务院决策部署，大力推动征信体系建设，取得显著成效和国际认可。在世界银行发布的《营商环境报告》中，衡量一国征信系统建设成效的信用信息指数评估指标，我国已连续4年获得满分，位居世界前列。但是，面对党中央的新要求、人民群众的新期盼、时代发展的新变化、国际接轨的新标准，我们还要正视差距、激流勇进。

### （一）征信现状与党中央的新要求、人民群众的新期盼还有差距

当前，党中央、国务院及社会各界对征信体系建设给予了前所未有的关注。党的十九届四中全会提出，要“完善诚信建设长效机制，健全覆盖全社会的征信体系，加强失信惩戒”。习近平总书记在2019年中央政治局第十八次集体学习时强调，“要利用区块链技术促进城市间在信息、资金、人才、征信等方面更大规模的互联互通，保障生产要素在区域内有序高效流动”。征信已成为社会热点话题，征信二代系统上线升级、ETC欠款纳入征信系统、无偿献血纳入征信联合激励等事件均在社会上引起广泛热议。

党中央和国务院对征信体系的高度关注、人民群众对征信服务和信用建设的热切期望既是压力也是动力。2020年是党中央部署的三大攻坚战的收官之年，也是全面建成小康社会目标任务的最后时限。我们要提高政治站位，对标党中央的战略部署和路径规划，检视征信体系在促进金融支持实体经济发展、防范化解重大金融风险攻坚战、精准脱贫攻坚战等重大政治任务中是否发挥了应有的作用，还有哪些领域需要进一步覆盖，还有哪些系统功能需要进一步提升，还有哪些应用机制需要进一步健全。我们应坚守人民立场，对标人民群众日益增长、持续升级的美好生活需要，检视我们在保障人民群众的安全感、幸福感、获得感等方面是否服务到位、管理到位，还有哪些弱势群体没有享受到便捷的征信服务和普惠的金融服务，还有哪些征信服务渠道需要进一步拓展完善，还有哪些信息主体权益保障机制需要进一步建立健全。研究解决这些问题，是巩固“不忘初心、牢记使命”主题教育成果的本质要求，也是下一步深化征信体系建设的根本方向。

### （二）征信数据应用和管理与国家治理体系和治理能力现代化建设的新要求还有差距

数据已成为新时代重要的生产要素。党的十九届四中全会首次增列了“数据”作为生产要素，反映了随着经济活动数字化转型加快，数据对提高生产效率的乘数效应凸显，成为最具时代特征新生产要素的重要变化。应建立健全数据权属、公开、共享、交易规则，更好实现要素价值。从金融领域的

情况看，金融科技的发展产生了大量信贷数据以外的网上支付、媒体社交等替代数据，这些数据对于评价企业和个人信用状况是有益补充，拓展了征信的外延，使从未与金融机构打交道者获得信贷支持成为可能。但由于缺乏数据权属、公开、共享、交易规则，大量数据还在“沉睡”，要素价值随着时间推移不断贬损，造成战略资源的巨大浪费。

海量数据积累伴随而来的是对数据安全的担忧。当前，个人信息泄露已成为世界性难题，我国情况也不乐观，一些个人信息泄露案件呈现犯罪主体组织化、犯罪手段专业化、信息泄露维度多元化、交易方式产业化等特点，而且数量日益增长、程度越发严重，不仅严重影响公民的日常生活，而且影响社会的长治久安。党的十九届四中全会提出要“推进数字政府建设，加强数据有序共享，依法保护个人信息”。2020年人民银行工作会议也提出要“加强个人征信信息安全管理和个人隐私保护”。近年来，中央政府有关部门对数据公司进行专项整治，有效遏制了数据公司非法采集、非法使用个人信息的乱象，但是在信息安全法规建设和数据治理长效机制方面依然任重道远。征信数据作为金融领域最具含金量的数据资源，如何在促进数据有效流动、充分发挥其经济价值与信息主体权益保护之间取得平衡，成为征信管理工作面临的现实机遇与重大挑战。

### （三）国内征信行业的发展水平和发展环境对接国际标准和规制还有差距

当前我国征信机构的发展水平和发展环境与征信发达国家相比，还存在较大差距。

一是我国征信机构成立时间较短，经验和竞争力有限。美国主要的企业征信机构、个人征信机构、信用评级机构都经历了上百年的发展历史，拥有巨大的数据优势、技术优势和渠道优势。而我国备案企业征信机构，90%以上都是2013年《征信业管理条例》颁布实施后注册成立的，市场化个人征信活动开展时间更短。从国际惯例看，征信机构从成立到正常运行一般需3~5年的时间。我国大部分征信机构还处于数据积累、产品研发和品牌塑造等前期发展阶段。

二是征信产品和服务较为单一，与市场需求差距较大。国外主要的征信机构紧盯市场需求，提供信用报告、反欺诈、信用评分、决策分析、营销支持、信用监控、风险管理解决方案等多层次的产品，为金融机构、商业交易对手、合作伙伴、政府部门以及消费者自身提供服务。而我国征信机构还是以基础的信用报告和信用评分为主，难以满足多元化市场需求。

三是获取数据的正规渠道还不顺畅。国外征信机构都与商业数据源建立了稳定的合作关系，且政府部门的数据开放程度较高。而我国的企业和个人数据主要掌握在政府部门、互联网公司、金融机构手中，除金融机构的信贷信息已通过金融信用信息基础数据库实现共享外，政府部门掌握的数据并未向市场化征信机构开放，互联网公司掌握的数据更是封闭在内部使用。

四是政府在征信市场发展中的定位尚需明确，应有所为有所不为。国际征信市场影响力较大的国家均坚持征信市场化发展方向，政府部门主要是制定监管规则，履行监管职责，保障信息安全，保护信息主体合法权益。而国内由于在社会信用体系建设思路上存在分歧，部分地方政府和主管部门利用行政权力建立大一统的信息共享平台，变相从事征信业务，却又不遵循征信业务规则，对市场化征信机构产生了强烈的挤出效应。同时，征信市场乱象虽然得到一定遏制，但治理手段有限，不同执法部门协调成本较高、协同监管难度较大，导致违法违规行为日趋复杂和隐蔽，影响征信业可持续发展。

虽然国内征信机构在与国外同业面对面的竞争中处于劣势，但也要看到，外资征信机构和信用评级机构将会带来更多先进的理念、技术和流程，为国内机构提供比拼赶超的后发优势，同时，从长远看，将会加速市场优胜劣汰进程，倒逼法律环境和行政治理改善，在拓展征信市场空间、优化市场秩序中取得双赢的局面。

## 二、中国征信业发展任务与展望

面对复杂多变的国际国内形势，我们要坚持以习近平新时代中国特色社会主义思想为根本遵循和行动指南，认真贯彻落实党的十九届四中全会、中央经济工作会议和“不忘初心、牢记使命”主题教育精神，牢固树立“以人为本、征信为民”的宗旨意识，按照“协力合作、创新发展”的原则，以市场需求为导向，以信息安全为根本，增加征信市场有效供给，依法依规全方位满足社会各方对征信服务的需求，高质量推动社会信用体系建设。

### （一）加快覆盖全社会征信体系建设，提升征信服务有效供给能力与水平

**1. 促进先进数据技术与征信相结合，推动市场化征信机构拓展业务场景**

进一步推动各级政府部门、公用事业单位依法向市场化征信机构开放相关信息，引导互联网平台与其建立商业化信息共享机制，在实践中不断探索完善数据权属、公开、共享、交易规则，有序实现数据资源社会效用最大化。支持征信机构利用大数据、人工智能、云计算、区块链等金融科技手段，加强对数据价值的挖掘和利用，创新开发多层次的征信产品和服务，并积极参与数字政府、智能城市等行政治理、社会治理现代化建设项目。引导征信机构积极适应不断变化的发展环境，从服务信贷征信扩展到更多业务场景、从集中数据库模式向分布式按需数据服务转变、从简单的征信产品提供商向综合性信息服务商转型，加大对新兴行业领域的渗透，为各类组织及其客户提供战略决策所需的各种信息服务。

**2. 以二代征信系统升级为新起点，不断扩大金融信用信息基础数据库的惠及面和影响力**

一是助力监管科技建设，不断提升系统效能。对标防范化解重大金融风险攻坚战要求，从集团关联、行业、区域等多维度反映信用风险状况以及积累程度，开发预警提示功能，坚决遏制金融风险跨市场、跨行业、跨区域传染扩散。二是推广查询新渠道，不断优化服务功能。在保障信息安全的前提下，推广企业征信商业银行网银查询和自助机查询模式，进一步优化个人征信在线查询渠道提升服务效

能。三是加强对新业务、新流程的研究，不断强化信息主体权益保护。加强对线上助贷联贷业务的调查研究，明确数据采集、报送、共享、使用、异议处理原则，从各个环节保障信息主体合法权益不受侵害。

**3. 优化服务模式，不断加强对实体经济的服务支持**

一是鼓励市场化征信机构和信用评级机构进一步解放思想、做大做强。继续指导征信机构和信用评级机构按照“促进各方给予数据支持、自身技术优势独特、围绕解决小微企业融资高质量发展和防风险提供征信服务”的原则，利用新技术解决小微企业融资中的信息不对称、风控及政策成效评估难等问题，通过贴近市场需求创新征信服务，逐步实现可持续发展。二是向全国范围复制推广小微企业征信服务的“苏州模式”和“台州模式”，推动建立小微企业数字征信实验室，鼓励立足本地加强探索，进一步优化征信服务小微企业的有效模式。三是建立征信服务小微企业融资监测体系，深入开展数据分析及政策改进，引导征信服务小微企业融资进一步提速增效。

**4. 统筹两个市场，做好征信对内对外开放**

一是加大征信对内开放力度，有序增加征信有效供给。促进市场有序竞争，建立健全个人征信机构、企业征信机构和信用评级机构的动态管理制度与新陈代谢机制。二是对标国际先进水平，培育本土征信机构和信用评级机构。在整合现有机构、批筹新机构的基础上，加大征信国际交流与合作的力度，充分利用后发优势，打造我国有公信力、有品牌影响力的征信机构和信用评级机构。三是立足金融安全，稳妥有序推进征信市场和信用评级市场的对外开放，加大对外资征信机构和评级机构的监管力度。

### （二）以人为本完善制度机制，加强征信信息主体权益保护

**1. 持续加强信息安全管理，坚决守住不发生重大征信信息泄露风险的底线**

一是完善现场检查流程，进一步加强征信系统接入机构征信合规管理。在全面梳理、总结、分析近年来执法检查工作基础上，研究制定征信系统接入机构现场检查工作指引，统一规范检查行为。认真做好金融机构征信执法检查工作。二是综合运用统计报表、自查自纠、考核评级和现场检查等多种手段，引导征信系统接入机构健全内控制度、细化管理机制、优化技防能力、落实岗位责任、抓实教育培训，全面提升信息安全管理内生动力。三是抓好全面排查、监管协调和分类处置，坚决遏制征信信息泄露风险，严厉打击扰乱征信市场行为。本着“谁监管（主管）谁负责”的原则，从源头抓起，开展各行各业个人征信信息泄露的清理整顿工作。加强部门沟通，通过金融违法广告线索纠正征信市场发展中的虚假宣传、误导欺骗消费者行为；加强与市场监管、公安、网信等部门的沟通协商，对扰乱征信市场秩序的行为予以严肃查处，对非法采集个人信息、违法从事个人征信业务的行为进行严厉打击。

**2. 加强征信信息安全法制建设，推动建立健全征信数据治理模式和司法救济机制**

借鉴国外个人信息保护的先进经验，

加快研究推出个人金融数据保护相关法规制度，推动尽快出台与《网络安全法》《个人信息保护法》等相关法律相配套的制度规范，统一明确各场景、各领域的个人信息保护原则和方针，确立防止个人信息泄露的具体范畴和措施，明确信息主体的民事赔偿依据和手段。提高现有《信息安全技术 个人信息安全规范》等信息安全标准的执行力度，确保信息主体同意权、信息访问权、更正与删除权等权利得到充分、实质的遵守与保障。推动完善个人信息泄露的治理模式，明确必要的监管职责和执法权力；构建个人信息保护联席会议制度，统一协调涉及跨行业个人信息的监管合作。加快研究制定《征信业务管理办法》，从信息采集、加工、保存和使用的业务全流程进行规范，加强对征信市场违规行为的监管和惩戒。进一步完善监管协调机制，加大对征信市场乱象的治理力度。

**3. 强化征信宣传提升信用意识，促进形成“懂征信、用征信”的良好氛围**

一是加强宣传创新，培育社会信用意识。针对社会热点问题，尤其是信息主体征信服务，创新宣传方式，积极借助各类宣传渠道、手段，开展征信与信用知识宣传教育，提升信息主体对征信的了解，改进征信体验，引导信息主体了解征信、掌握征信、运用征信，以征信支持、服务信息主体的社会经济交往，提升信用意识，推进社会诚信建设。

二是发挥征信缓解信息不对称的作用，支持小微和民营企业融资发展。人民银行分支机构与金融机构、征信机构联合，共同宣传征信为企服务的理念，以案例为重点，宣传与展示征信体系建设支持小微企业、民营企业的作用与成效，引导、推动小微和民营企业了解征信、运用征信。加强对地方性征信平台建设成效与作用的宣传，引导小微和民营企业参与，更好地发挥地方征信平台与金融信用信息基础数据库互为补充、支持企业融资发展的作用。

**4. 强化征信为民意识，切实保护信息主体权益**

一是不忘初心，继续做好征信维权各项工作。畅通征信维权渠道，依法依规做好征信投诉受理工作，不断提高征信维权工作效率和征信信息主体满意度。

二是总结归纳，进一步规范征信维权流程。结合征信维权典型案例、法院判例等内容，对征信维权工作中遇到的难点和法规盲区进行全面梳理，对征信维权中的各个环节予以规范，并在全国范围内落实。

## 三、扎实开展征信基础研究，把理论研究转化为实践成果，为征信管理工作提供决策支持

当今世界正经历百年未有之大变局，面对国际国内的新环境、新问题、新趋势，征信工作也进入深水区，我们必须加强调查研究，一点一点把问题摸清楚，一步一步把路子蹚出来。

**1. 加强对征信技术的前沿研究和探索运用**

引导征信机构对标国际先进同行，加大新技术在征信领域应用的研究投入；加强征

信区块链技术应用研究，组织专业队伍，建立研究基地，探索运用区块链技术优化征信市场中的可信机制和数据传输过程中的加密安全，实现城市、区域、行业之间信息的互联互通；运用大数据技术提高对非结构化数据的分析能力，研究分布式账本技术、生物识别技术、心理测量技术等对征信的影响。引导征信机构持续开展征信业务与产业场景的结合研究，加强与地方政府部门、公用事业单位、互联网平台的合作，积极拥抱所有有助于挖掘数据价值的前沿技术，全面提升数据分析和产品开发能力，缩短市场化征信机构的成长周期。

**2. 以问题为导向加强征信管理实务研究**

根据前期梳理的市场运行和监管实践中出现的问题，进一步细化研究，分类施策，灵活运用法规、行政、市场、技术等多种手段对症下药。比如，针对不同评级市场准入标准不一致的问题，要落实信用评级监管部际协调机制达成的共识，由人民银行会同相关部门，从资本实力、评级从业人员、股权结构的利益冲突防范、市场声誉等方面，研究制定跨市场统一准入标准；针对评级标准不一致的问题，从被评对象管理水平、市场前景、财务能力、数据质量、偿债意愿、偿债能力等方面，研究制定统一的评级标准，提高跨市场、跨机构评级的可比性与可验性；针对评级市场缺乏有效的优胜劣汰机制的问题，研究依托市场机制推动成立外部评级风控委员会，指导其根据评级机构和发行人报告的违约信息和转移矩阵等数据，建立评级质量市场化考核机制，作为市场退出的重要参考依据。针对金融机构与合作机构（科技公司、大数据公司）之间、网商集团内部企业之间普遍且隐蔽的非法提供个人征信服务的问题，要加强研究并严格界定共享范围，明确各方、各环节的责任关系。

**3. 加强征信国际交流与合作的研究探索**

借助实施“一带一路”建设、“金砖国家合作”和绿色债券等战略举措，推动国内市场化征信机构和信用评级机构整合资源，推进跨境合作，提高本土征信机构和信用评级机构的国际影响力。以金融支持粤港澳大湾区建设、促进海峡两岸经贸往来和东盟自贸区发展为契机，采取一事一议方式，在保护信息主体权益的前提下，探索推动征信数据跨境流动。

2019

# 附录

一、中国征信业发展大事记

二、中国征信业发展相关政策文件

三、征信市场统计资料

## 一、中国征信业发展大事记

2019年1月1日，百行征信有限公司正式启动个人征信系统、特别关注名单平台和信息核验平台三款产品的上线验证测试工作。

2019年1月，标普信用评级（中国）有限公司在人民银行营业管理部备案，并在中国银行间市场交易商协会注册开展债券评级业务，成为首家进入中国市场的外商独资信用评级机构。

2019年1月，信用评级业自律组织——外部评级风控委员会制定了《信用评级行业自律公约》，中诚信国际等十家评级机构共同签署。9月，标普信用评级（中国）有限公司加入风控委员会。

2019年3月22日，人民银行召开2019年征信工作电视电话会议。

2019年4月4日至5日，人民银行派员赴法国普瓦捷参加世界银行国际征信委员会（ICCR）2019年第一次工作例会。

2019年4月，中国国新控股有限公司战略重组大公国际资信评估有限公司。11月，大公资信全面恢复银行间市场非金融企业债务融资工具和证券市场信用评级业务。

2019年4月，人民银行征信管理局印发《关于开展2019年征信专题宣传活动的通知》，部署在全国组织开展以“征信服务小微和民营企业融资发展”为主题的征信宣传活动。

2019年4月28日至30日，动产担保统一登记工作在北京、上海两市顺利试点。

2019年5月，中国银行间市场交易商协会发布《银行间债券市场非金融企业债务融资工具信用评级业务信息披露规则》。10月，发布《银行间债券市场非金融企业债务融资工具信用评级业务利益冲突管理规则》。

2019年5月23日，人民银行印发《中国人民银行办公厅关于同意设立苏州小微企业数字征信实验区的批复》（银办函〔2019〕69号），批准南京分行会同苏州市人民政府设立苏州小微企业数字征信实验区。

2019年6月，中证鹏元资信评估有限公司和远东资信评估有限公司通过注册评价，获准开展银行间债券市场信用评级业务。

2019年6月12日至14日，人民银行征信中心派员赴希腊雅典以区外会员身份参加欧洲征信协会（ACCIS）2019年会员大会暨年度会议。

2019年6月14日，人民银行在国务院新闻办公室举办覆盖全社会的征信系统建设情况吹风会。

2019年7月，人民银行指导备案企业征信机构——福建品尚征信有限公司与台湾中华征信所签订全面战略合作协议，并向市场推出包括企业和个人两大类7个品种的对台征信产品和服务，在海峡两岸征信交流工作中开展有益探索。

2019年8月、10月，人民银行朱鹤新副行长召开第一次和第二次“长三角一体化”工作座谈会，推进长三角征信一体化工作。

2019年8月，根据《国家发展改革委关

于进一步降低中国人民银行征信中心服务收费标准的通知》（发改价格规〔2019〕318号），人民银行征信中心主动降费，支持实体经济发展。

2019年8月，《中国征信报告（2018）》出版。

2019年9月3日，人民银行征信管理局万存知局长会见了俄罗斯ACRA评级公司CEO伊戈尔·泽莱泽斯基一行。

2019年9月，依据互联网金融风险专项整治工作领导小组和国家网贷整治办联合下发的《关于加强P2P网贷领域征信体系建设的通知》，人民银行征信中心启动网贷机构（P2P机构）接入征信系统工作。

2019年10月，人民银行征信中心正式印发《中国人民银行征信中心央行内部（企业）评级委员会议事规则（试行）》。

2019年10月，人民银行联合银保监会对招联消费金融有限公司开展执法检查工作。

2019年11月5日至6日，人民银行在上海举办世界银行国际征信委员会（ICCR）2019年第二次现场工作会议。

2019年11月26日，人民银行颁布《应收账款质押登记办法》（中国人民银行令〔2019〕第4号发布），自2020年1月1日起正式施行。原《应收账款质押登记办法》（中国人民银行令〔2017〕第3号发布）同时废止。

2019年11月，人民银行、国家发展改革委、财政部、证监会联合印发《信用评级业管理暂行办法》（中国人民银行令〔2019〕第5号发布），就评级程序、业务规则、监督管理等建立跨市场统一的监管框架。

2019年12月，人民银行征信管理局印发《关于规范信用评级机构备案管理工作的通知》，进一步规范评级机构备案管理，加强事中事后监管。

2019年12月27日，人民银行决定，二代征信系统拟于2020年1月19日正式上线。

## 二、中国征信业发展相关政策文件

2019年5月，人民银行印发《中国人民银行办公厅关于同意设立苏州小微企业数字征信实验区的批复》（银办函〔2019〕69号）。

2018年10月，人民银行印发《央行内部（企业）评级质量控制规范》（银发〔2018〕241号）。

2019年11月，人民银行印发《应收账款质押登记办法》（中国人民银行令〔2019〕第4号发布）。

2019年11月，人民银行、国家发展改革委、财政部、证监会联合印发《信用评级业管理暂行办法》（中国人民银行令〔2019〕第5号发布）。

## 三、征信市场统计资料

| 表A1 金融信用信息基础数据库法人机构接入情况 | | |
|---|---|---|
| 接入机构类型 | 个人征信系统（家） | 企业征信系统（家） |
| 全国性银行 | 21 | 21 |
| 城市商业银行 | 134 | 133 |
| 民营银行 | 17 | 17 |
| 农村合作金融机构 | 67 | 64 |
| 住房储蓄银行 | 1 | 1 |
| 汽车金融公司 | 25 | 19 |
| 财务公司 | 18 | 201 |
| 外资银行 | 19 | 119 |
| 台资银行 | 0 | 12 |
| 信托公司 | 15 | 68 |
| 小额贷款公司 | 1245 | 1098 |
| 融资性担保公司 | 593 | 669 |
| 村镇银行 | 1145 | 996 |
| 贷款公司 | 4 | 2 |
| 金融租赁公司 | 15 | 35 |
| 融资租赁公司 | 60 | 99 |
| 资产管理公司 | 4 | 4 |
| 保险公司 | 12 | 11 |
| 证券公司 | 8 | 38 |
| 消费金融公司 | 23 | 0 |
| 住房公积金中心 | 310 | 0 |
| 天津市青年创业就业基金会 | 1 | 0 |
| 商业保理公司 | 0 | 5 |
| 丝路基金 | 0 | 1 |
| 合计 | 3737 | 3613 |
| 查询用户数（万个） | 4.8 | 5.6 |

注：数据截至2019年12月。

| 表A2　百行征信有限公司法人机构接入情况 | |
|---|---|
| 接入机构类型 | 接入家数（家） |
| 网络借贷信息中介机构 | 150 |
| 小额贷款公司 | 117 |
| 汽车金融公司 | 5 |
| 消费金融公司 | 4 |
| 融资性担保公司 | 1 |
| 商业银行 | 2 |
| 其他金融机构 | 39 |
| 其他 | 16 |
| 合计 | 334 |

注：数据截至2019年12月。

| 表A3　2017—2019年信用评级行业基本情况年度统计 | | | | | | |
|---|---|---|---|---|---|---|
| | | | | | | 单位：万元、人 |
| 年度 | 注册资本 | 总资产 | 专业评级人员 | 营业收入 | 评级收入 | 利润总额 |
| 2017 | 177629.67 | 593856.89 | 3471 | 272991.83 | 221870.22 | 108087.95 |
| 2018 | 217463.03 | 592967.33 | 2960 | 275927.36 | 227502.25 | 134229.24 |
| 2019 | 242018.03 | 623405.06 | 2832 | 285101.95 | 240821.72 | 90022.09 |

注：1. 统计数据来源于征信管理监测系统。

2. 以上数据由信用评级机构于每年1月报送，相关财务数据未经审计，供参考。

**表A4　2019年债券市场信用评级年度统计（债项评级）**

单位：笔

| 评级机构名称 | 金融债务融资工具 | 非金融企业债务融资工具 | 企业债券 | 公司债券 | 资产支持证券 | 其他 | 合计 |
|---|---|---|---|---|---|---|---|
| 中诚信国际信用评级有限责任公司 | 302 | 1145 | 171 | 0 | 180 | 40 | 1838 |
| 中诚信证券评估有限公司 | 21 | 0 | 0 | 863 | 653 | 0 | 1537 |
| 联合资信评估有限公司 | 332 | 951 | 88 | 0 | 52 | 2 | 1425 |
| 联合信用评级有限公司 | 20 | 0 | 0 | 585 | 555 | 216 | 1376 |
| 上海新世纪资信评估投资服务有限公司 | 111 | 281 | 47 | 234 | 332 | 290 | 1295 |
| 东方金诚国际信用评估有限公司 | 33 | 320 | 94 | 296 | 91 | 211 | 1045 |
| 中债资信评估有限责任公司 | 9 | 0 | 0 | 0 | 183 | 279 | 471 |
| 中证鹏元资信评估股份有限公司 | 0 | 13 | 102 | 203 | 38 | 0 | 356 |
| 大公国际资信评估有限责任公司 | 3 | 21 | 3 | 31 | 0 | 8 | 66 |
| 远东资信评估有限公司 | 0 | 0 | 0 | 13 | 5 | 0 | 18 |
| 标普信用评级（中国）有限公司 | 0 | 0 | 0 | 0 | 2 | 0 | 2 |
| 合计 | 831 | 2731 | 505 | 2225 | 2091 | 1046 | 9429 |

注：1. 数据来源于征信管理监测系统。

2. 统计口径为当年新增的首次评级业务，跟踪评级未纳入统计。

3. 其他类主要包括地方政府债券、非标准化产品等。